高等院校人

Case-based Business Chinese
(general education)

案例式商务中文教程

通识本

王永德 ◎ 主编

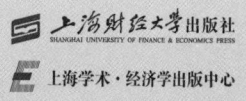

上海财经大学出版社
SHANGHAI UNIVERSITY OF FINANCE & ECONOMICS PRESS

上海学术·经济出版中心

图书在版编目(CIP)数据

案例式商务中文教程：通识本 / 王永德主编.
上海：上海财经大学出版社，2025.3. -- (高等院校人文社科类课程教材). -- ISBN 978-7-5642-4613-6

Ⅰ．H195.4

中国国家版本馆 CIP 数据核字第 2025DU1190 号

□ 责任编辑　李嘉毅
□ 封面设计　贺加贝

案例式商务中文教程(通识本)

王永德　主编

上海财经大学出版社出版发行
(上海市中山北一路369号　邮编200083)
网　　址：http://www.sufep.com
电子邮箱：webmaster@sufep.com
全国新华书店经销
上海颛辉印刷厂有限公司印刷装订
2025年3月第1版　2025年3月第1次印刷

787mm×1092mm　1/16　11.25印张　214千字
定价：58.00元

编写说明
INTRODUCTION

一、编写背景

本教材是教育部中外语言交流合作中心国际中文教育重点创新项目"新形势下商务中文(汉语)线上教学体系建设"内容之一。该项目主要建设内容为：以案例式商务中文教学为切入点，以语别化课程建设为核心，开发线上教学资源，服务于"一带一路"倡议，培养知华友华商务中文人才。

案例式商务中文教学是该项目核心内容。项目组成员编写了《案例式商务中文教程》两种教材，分别用于两类来华留学生学习经济和管理学科专业课前的通识课、国际中文教育专业之商务中文方向的专业课(前者简称"通识本"，后者简称"专业本")，分别由王永德教授、卢惠惠教授负责编写。通识本课文中的"生词和词语表达"覆盖高等中文水平词语以及中等中文水平里较难的词语，专业本则以高等中文水平为主。

国内不少院校特别是重点高校有上述两类来华留学生。本教材的主要编写者任职于上海财经大学国际文化交流学院，学院建有商务中文教育实践与研究基地——国际商务汉语教学与资源开发基地(上海)。学院教师一直在探索这两类学生教学内容上的差异，尝试建立适合上述两类学生的教学体系，包括编写两种教材。

"新冠"疫情发生后，我们一方面推出商务中文线上教学课程，另一方面新编《案例式商务中文教程》的通识本和专业本。教材紧扣项目"新形势下商务中文(汉语)线上教学体系建设"中的关键词语"新形势下商务中文"，教材里的课文多结合主流媒体或相关官网上的资料编写而成，是近年来中国经济和社会的真实写照。运用这些资料编成的课文作为对外国学生的教学内容，也是讲中国故事特别是当代中国故事的一种形式。这里要说明的是，课文里相关企业的经营方式随市场变化而变化，经济现象也随社会发展而发展，相关内容只反映编者编写课文时对所接触企业经营方式和社会经济现象的认识。

二、编写思路

（一）采用案例式教学方法

通识本中课文及与之相配的延伸阅读材料，多采用案例式叙事方式。文中的商务事件有具体情节，以便学生学习和理解商务知识。课文教学遵循案例教学法步骤："案例背景"和"课前预习题"是对课文所涉商务内容的准备；"生词与词语表达"和"语言点学习"是对所涉中文知识的准备；"综合练习"中第一、二、五、六题及延伸阅读材料的练习侧重对课文和延伸阅读材料的理解及商务能力的培养，第三、四题侧重对中文知识的学习和中文能力的训练。

（二）兼顾中文知识和商务内容

本教材贯彻案例教学法的基本理念，综合平衡中文知识和商务内容的教学，以案例形式展现当代中国社会的经济热点问题及其中包含的语言、商务和文化知识。通识本涉及创业与创新、市场营销、环保与法律、国际经济合作、信息技术下企业发展五方面话题，专业本则包括经济与法律、商业新形态、品牌经营模式、企业管理、创新与发展五方面内容。

（三）适应语别化教学对象

语别是指商务中文学习者的母语或官方语言类别，两种教材已完成的语别化版本包括英语注释版、俄语注释版、阿拉伯语注释版。英语、俄语、阿拉伯语是全球主流外语，也是"一带一路"国家官方使用较多的语言。课本的语别化内容包括把每课的文题（含延伸阅读材料的文题）、生词和词语表达、各级模块标题、全部练习的题干，根据所属语种的版本，分别翻译成英语、俄语和阿拉伯语。

本教材还将完成西班牙语、日语等商务中文教学涉及的重要语种的翻译及编写工作。受条件限制，我们先出英语注释版，之后将陆续出版其余语种的版本。

三、编写体例及主要模块概述

通识本有五个话题，每个话题三课，共十五课。每课由案例背景、课文、课前预习题、生词和词语表达、语言点学习、综合练习、延伸阅读材料及其练习模块组成。"综合练习"下分根据课文内容回答问题、课堂讨论题、词语搭配、模仿例句造句（简称"综合练习四题干"）、口头表达、写作六项练习。"词语搭配"中含少量语素构词，这些语素也可以称为类语缀或语缀。

主要模块概述如下：

"案例背景"介绍课文的相关背景知识，以便学生能较快地理解与课文相关的内容。

"课文"的篇幅在1 000字左右,预习题供学生上课前预先学习课文之用。

"生词和词语表达"里的字词水平等级依据《国际中文教育中文水平等级标准》对课文所涉字词和词语的网上检索结果,把高等字词(语)和部分中等水平较难的字词(语)列为"生词和词语表达",对它们作词性和短语类别、拼音和意义等说明。每条生词或词语表达的意义(或该条生词或词语表达的名称)对应的英语、俄语和阿拉伯语翻译,置于其后。

"语言点学习"主要是用法说明和举例。相关语言点主要是语法上的,也可能是比较重要的生词、短语、习语(包括成语)等。

"综合练习"中"根据课文内容回答问题""课堂讨论题""口头表达"和"写作"等,侧重对课文内容的理解与讨论、相关商务知识的学习与分析。操练的形式既有口语表达,又有书面语写作,还有商务活动的模拟。"词语搭配(含少量语素构词)""模仿例句造句"侧重对课文涉及的中文知识的操练,学生在示例基础上练习,以促进中文能力的发展。这部分操练由语言使用的中间过渡单位——词组,到相对完整的句子及段落,包括复句及其构成的句群。这两项练习是针对"生词和词语表达""语言点学习"及课文中其他重要表达方式的语言技能操练。"综合练习"中有相对确定答案的第一、三、四题,书后有举例性参考答案。

"延伸阅读材料"是与前面课文中的商务话题相配的内容,教师可以根据课程总学时灵活处置,安排教学或学生自学。延伸阅读材料的部分练习也有参考答案,因内容多而不附在课本后,改放在课件或其他辅助资料中。

四、教材名称里"中文"、课文中生词等相关编写说明

与以往多数教材名称用词不同,本教材名称中的关键词语用"中文"代替"汉语"。"中文"可特指汉族的语言文字,即"汉语汉字",详见《现代汉语词典》(第7版)(以下简称《词典》)相应词条。在海外华人群体中,"中文"在教育界等领域广泛使用。因面向海外学习群体,所以教材名称参照使用含"中文"这一务实的词语。

"生词和词语表达"在面向非母语的语言类教材编写中占重要地位。本教材课文内容反映当代经济和社会生活,文中有些词语的词性和释义在通行的工具书如《词典》中尚未收录。编者依据它们在课文中的具体语境,尝试给出了词性和意义。例如,把第二课课文中的"赞"界定为形容词,意思为"好"或"棒"。按照有利于外国学生理解课文的原则,对《词典》中与课文词语相关的内容进行了变通,包括词性界定、增加义项、是词还是短语的判定。

通识本课文里大多数生词的词性界定及释义,主要依据某词在课文中的具体语

境和《词典》中相应内容的标注。但对某些词采取变通的办法,如"零售""首选""边检"等。

"零售",《词典》标为动词,意即"把商品不成批地卖给消费者"。第三课中有"百果园是中国最大的集果品生产、贸易、零售为一体的水果专营企业"和"水果零售业走出的新零售",前后句中的"零售"宜分别解释为动词、名词,作动词时意为"零散地直接向消费者出售(商品)",作名词时则指"这种销售方式"。

"首选",《词典》标为动词,意为"首先选中,优先选择"。依据第七课课文语境解释为名词,意为"优先的选择"容易理解。详见文中句子"一直是很多市民逛街购物的首选"。

"边检",《词典》标为动词,意为"边防检查"。第十二课课文中有"加强与海关、边检等单位的协调配合",句中的"边检"作名词解释,意即"边防检查的单位",学生容易理解。

同样地,课文按照有利于学生理解的思路,界定一个言语片段是词还是短语。第九课课文中有"备受关注的'人脸识别第一案'迎来了终审判决",句中的"备受"解释为动词而不是动词词组容易理解,意思为"完全受到"。这种处理是参照《词典》里类似的词"备述"标为动词,意为"详尽地叙述"。

另外,有些生词是词语表达(包括短语与框式结构、成语等习语、专有名词等)里的词,生词随该词语表达解释,以节省编写空间,提高阅读效率。在翻译汉语相应词时,编者参照汉外句子成分与词性身份的对应关系(如汉英词性和句法成分的各自对应规则),以遵循汉外各自语言结构规则的事实。

五、使用说明及其他

通识本共十五课,每课八学时。每周安排四学时,两个学期学完。教师也可以视可安排的总学时数,对授课内容进行删减。按每课八学时,各模块(每课模块参见上文第三部分"编写体例及主要模块概述")大致安排如下表所示。

通识本各模块教学安排

所涉模块讲练内容	学时数	教学内容与目的
案例背景简介和预习题讨论、生词和词语表达的解释、课文的讲练(结合练习一、二)等	3学时	侧重对商务知识理解和商务技能的培养
重点生词讲练(结合练习三)、语言点讲练(结合练习四)	3学时	侧重对中文知识理解和中文使用的训练

续 表

所涉模块讲练内容	学时数	教学内容与目的
延伸阅读材料及其练习、口头表达(练习五)、写作(练习六)	2学时	商务内容和中文知识的理解与能力训练、商务中文口语和书面语的训练
合 计	8学时	

需要说明的是,每课延伸阅读材料是与该课文相配的文字材料,可根据总学时数安排详略不等的教学内容。既可以作进一步扩展,适当补充生词和词语表达等相关内容;也可以压缩或省略,留作学生课外阅读。

以下介绍参加通识本编写和翻译工作的人员情况。参与通识本课文和练习编写的人员有王永德、卢惠惠、哈轶群,王永德负责统稿。参与通识本相关内容翻译的人员有王永德(英语)、李金满(英语审校)、杨烨燊(俄语翻译及校对)、尹艳霞(阿拉伯语翻译及校对)。李金满教授通读了英语注释版通识本全文,提出了一些有益建议,包括对汉英词性和句法成分对应问题的处理。

最后要说明的是,教材里的课文多结合主流媒体、相关官网及其他专门网站的资料改写而成。因时间紧迫、网页变化、网上文章没署真名或没有直接联系方式等原因,一些原始材料的作者未能联系上,请相关作者主动联系我们,我们将按照著作权法等相关规定支付报酬,并向作者及相关网络媒体致以谢意。

编 者
2023 年 10 月

英文注释版教材获得2024年上海财经大学教材建设项目资助,在此表示感谢。根据相关专家意见,我们替换了中外语言交流合作中心原项目结项教材中第一课的全部内容,替换后的第一课内容较新。语言教材前后课文内容(包括词语、练习等)有关联性,对原第一课内容的替换涉及后面相关课文内容的调整。因出版时间紧迫,课文替换又带来了大量的工作,编写过程中难免有差错,期待在以后使用中不断完善。同时,欢迎读者批评指正。

衷心感谢王芳老师和李嘉毅老师为本教材出版所做的工作!

王永德
2025 年 1 月于 Sunnyvale CA

缩略语
ABBREVIATIONS

n. = 名词（noun 的缩写）

v. = 动词（verb 的缩写）

aux. = 助动词（auxiliary verb 的缩写）

conj. = 连词（conjunction 的缩写）

adj. = 形容词（adjective 的缩写）

adv. = 副词（adverb 的缩写）

pron. = 代词（pronoun 的缩写）

目录 CONTENTS

一、创业与创新
Part I Entrepreneurship and Innovation

第一课　执着和开拓成就了今日的比亚迪（Perseverance and Innovation Have Shaped Today's BYD）／3

　　延伸阅读材料：敢想敢干敢坚持的比亚迪（BYD：Bold in Vision，Action，and Perseverance）／11

第二课　"一点点"为什么这么火（Why Yidiandian Is so Hot）／13

　　延伸阅读材料：如何经营加盟店（How to Operate a Franchise Store）／20

第三课　水果帝国成长之路（The Road to the Fruit Empire）／22

　　延伸阅读材料：百果园创业者和他的经营理念（The Entrepreneur of Baiguoyuan and His Business Philosophy）／28

二、市场营销
Part II Marketing

第四课　胡雪岩的经商之道（Hu Xueyan's Way of Doing Business）／33

　　延伸阅读材料：百年老字号"胡庆余堂"的新发展（The New Development of a Centennial Brand "Hu Qingyu Chinese Pharmacy"）／41

第五课　如何让顾客购买商品(How to Get Customers to Buy Products) / 43
　　延伸阅读材料：买东西背后的心理因素(The Psychological Factors behind Buying) / 48

第六课　老品牌赢在新营销(Old Brands Win in New Marketing) / 51
　　延伸阅读材料：老字号请大家"薅羊毛"(Old Brands Invite Consumers for the Best Deal) / 59

三、环保与法律
Part III　Environmental Protection and Law

第七课　消费者得实惠，商家不浪费(Consumers Benefit and Retailers Waste Nothing) / 63
　　延伸阅读材料：超市为什么要经营生鲜商品(Why does a Supermarket Sell Fresh Products) / 69

第八课　绿色营销传递品牌态度(Green Marketing Conveys Brand's Attitude) / 71
　　延伸阅读材料：节能减排，中国在行动(China Moves to Save Energy and Reduce Emissions) / 77

第九课　"人脸识别第一案"终审判决(Final Ruling in the "First Face Recognition Case") / 79
　　延伸阅读材料：谨防"刷脸"技术被滥用(Beware of Face-swipe Technology Abuse) / 86

四、国际经济合作
Part IV　International Economic Cooperation

第十课　"双赢"促成特斯拉在中国建新厂(Win-Win Leads to New Tesla Factory in China) / 91
　　延伸阅读材料：美国电动车及能源公司特斯拉(Tesla, an American Electric Vehicle and Energy Company) / 96

第十一课 非洲成为中国小商品外贸增长点（Africa Emerging as a Point of Growth for China's Foreign Trade in Small Commodities）/ **99**

　　延伸阅读材料：义乌小商品市场（Yiwu：A Small Commodity City）/ **106**

第十二课 中欧班列跑出"中国速度"（CER Express Runs at "China's Speed"）/ **108**

　　延伸阅读材料：中欧班列（China-Europe Railway Express）/ **115**

五、信息技术下企业发展
Part V　Enterprise Development Driven by Information Technology

第十三课 洋河的微信朋友圈营销策略（Yanghe's Marketing Approach to WeChat Moments）/ **119**

　　延伸阅读材料：微信的生态系统（The Ecosystem of WeChat）/ **125**

第十四课 美团扩张，大商无界（Meituan's Expansion：a Business with no Limits）/ **128**

　　延伸阅读材料：美团的社会责任感（Meituan's Social Responsibility）/ **134**

第十五课 盒马赴澳大利亚寻求商机（Hema Heads to Australia for Business Opportunities）/ **136**

　　延伸阅读材料：大象转身，主动求变（The Elephant Turns and Initiates Change）/ **142**

练习的参考答案（Keys to the Exercises）/ **144**

一、创业与创新

Part I　Entrepreneurship and Innovation

第一课　执着和开拓成就了今日的比亚迪

案例背景（Background）

比亚迪股份有限公司（简称比亚迪公司或比亚迪）是深圳的一家特大型企业。该公司从制造充电电池开始，经过三十年的发展，现已成为新能源车企领导者。公司发展虽有曲折，但业务范围在不断扩大，涉及汽车、电子、新能源、轨道交通四大产业，是全球500强企业。

课文主要根据《王传福：品牌制胜，在不确定时代磨炼韧性》(https://www.forbeschina.com/leadership/64845)、《王传福回顾比亚迪30年创业史》(https://baijiahao.baidu.com/s?id=1816061444786032306&wfr=spider&for=pc)等内容改写而成。

课文（Text）

比亚迪公司之所以取得今天的显著成绩，是因为其创始人王传福领导员工，执着于发展技术，把技术放在企业发展的核心地位，通过不断创新，拥有新技术，开拓新领域，寻找跨界发展的机会。

坚持技术创新的发展之路

20世纪90年代，王传福从北京来深圳创业。他组织了一支二十人的小团队，制造镍电池。当时造镍电池最简单高效的办法是，买日本先进的自动化生产线。但他们毕竟刚创业，根本买不起。造镍电池的自动化生产线，就只能自己想办法。经过深入研究，王传福和他的团队把自动化生产线分解成一个个可以用人工完成的工序，用人工加夹具的模式来完成。这种模式做出来的产品和日本企业生产的差不多，销售的数量做到了全球第一。

之后，随着锂离子电池在手机上逐步代替镍电池，锂离子电池成为新的蓝海。因为这种新型电池比镍电池更轻,使用期限更长,所以,公司又把研发锂离子电池作为技术发展的方向,研发的锂离子电池产品越来越稳定,获得了摩托罗拉等国际大厂的认可。短短几年,该公司的锂离子电池份额就进入了全球市场前列。现在来看,比亚迪对制造锂离子电池技术的掌握为以后把这种类型电池安装到汽车上打下了基础。公司尝到了发展技术的甜头,更加注重技术的创新,不惜重金投入研发。其创新能力越来越强,技术储备也越来越多。

近年来,比亚迪公司规模出现爆发式增长,得益于其接连推出了几项颠覆性技术。

在跨界中寻找发展机遇

如今,比亚迪已过而立之年。公司成立以来曾多次跨界,面临多个关键时刻的危机,但都通过各种方式,成功化解。尤其在与海外对手的竞争中,比亚迪屡次以极具竞争优势的解决方案实现逆转并赶超对手。

1996年,比亚迪从镍电池转向锂离子电池行业。当时,该领域几乎被外国企业垄断,比亚迪采用更实用并且更低成本的"半自动、半人工"电池生产线和生产模式,以绝对的性价比优势,跃居行业第一。

2003年,比亚迪收购秦川汽车,正式跨界造车。虽然遭到投资人的一致反对,但王传福力排众议,坚定地踏上造车之路。2008年,比亚迪又入局新能源汽车赛道。当时,多数车企仍沉浸在传统燃油车的最后狂欢中。而此时比亚迪进入汽车行业仅5年,就提前入局新能源汽车赛道,全力投入研发。这为其以后全面发力新能源汽车市场打下了坚实的基础。

2015年,比亚迪发布了新能源车"全产业链+全市场"战略,成为业内少有的拥有动力电池、电机、电控等新能源汽车全产业链技术的车企,同时还形成了乘用车、客车等全市场产品系列。

国际化是品牌的必由之路。2021年以来,比亚迪全面启动了乘用车"出海"战略,进入日本、德国等汽车强国市场,以及泰国、巴西等新兴市场。通过吸收全球智慧、参与全球协作,维护产业链和供应链的稳定,让更多消费者享受到新能源汽车带来的绿色环保美好体验。以更高层次的绿色技术和产品,践行中国政府更高水平的对外开放政策,为全球经济和社会发展贡献绵薄之力。

课前预习题（Pre-reading Tasks）

1. 查阅资料,收集比亚迪公司发展壮大的相关信息。
2. 你了解新能源汽车吗？简单介绍一下你所知道的内容。

生词和词语表达（New Words and Expressions）

一、生词（new words）

课文中的生词

生词及词性	拼音	汉语解释	英语翻译
执着 n./adj.	zhí zhuó	指对某一事物坚持不放手	perseverance；persistent
开拓 v.	kāi tuò	开辟，扩展	pioneer
成就 v.	chéng jiù	完成(多指事业)	achieve, accomplish
曲折 adj.	qū zhé	(事情发展)复杂，变化多	twists and turns
制胜 v.	zhì shèng	取胜	win
磨炼 v.	mó liàn	(在艰难困苦的环境中)锻炼，磨炼才干、磨炼意志，也作磨练	hone, temper
韧性 n.	rèn xìng	不易折断的性质	resilience
创始人 n.	chuàng shǐ rén	最初建立公司等机构的人	founder
领域 n.	lǐng yù	(思想、社会活动等)的范围	field
高效 adj.	gāo xiào	效能高的，效率高的	efficient
工序 n.	gōng xù	产品生产过程的加工次序	manufacturing process steps
蓝海 n.	lán hǎi	指未知的市场空间，与它对应的红海则指已知的市场空间	Blue Ocean, uncontested market space
份额 n.	fèn é	整体中分占的数额	share；portion
甜头 n.	tián tou	稍甜的味道，引申为好处或利益	benefit
不惜 v.	bù xī	不顾惜，舍得	spare no expense
储备 v.	chǔ bèi	(钱物等)储存起来准备必要时使用	reserve
近年来 n.	jìn nián lái	最近过去的几年以来	in recent years
颠覆 v.	diān fù	翻倒	overturn, transform

续 表

生词及词性	拼　音	汉语解释	英语翻译
跨界 v.	kuà jiè	某一属性的事物进入另一属性运作,即跨越边界做事	cross the border; cross-boundary
而立 n.	ér lì	〈书〉指人三十岁	to reach one's thirties
屡次 adv.	lǚ cì	一次又一次	again and again
逆转 v.	nì zhuǎn	朝相反的方向转化,倒转	reverse
赶超 v.	gǎn chāo	赶上并超过	catch up with and surpass
垄断 v.	lǒng duàn	把持,独占	monopolize
性价比 n.	xìng jià bǐ	商品的质量、性能、配置或服务的范围、水平等与其价格所形成的比率	price-performance ratio
跃居 v.	yuè jū	跳跃式地上升到(某个位置、名次等)	jump up to (a position, rank, etc.)
入局 v.	rù jú	原指加入赌局,后被用于进入某个团体、参与某项活动等	enter a game
赛道 n.	sài dào	赛车的跑道	trace track
沉浸 v.	chén jìn	多比喻人处于某种气氛或思想活动中	be immersed
燃油 n.	rán yóu	用作燃料的油,如汽油、柴油等	fuel
狂欢 v.	kuáng huān	纵情欢乐	celebrate wildly
发力 v.	fā lì	集中使出力量	step up, focus efforts
坚实 adj.	jiān shí	坚固结实	solid
产业链 n.	chǎn yè liàn	某行业中包括原料供应、生产加工、运输销售等组成产业整体的相互关联环节	industrial chain
电机 n.	diàn jī	产生和应用电能的机器,特指发电机或电动机	electric motor
电控 n.	diàn kòng	电子控制,是运用电子技术对某个系统或设备进行控制的一种技术手段	electronic control

续 表

生词及词性	拼　音	汉语解释	英语翻译
乘用车 n.	chéng yòng chē	主要用于载运乘客及其随身行李或临时物品的汽车	passenger vehicle
协作 v.	xié zuò	若干人或若干单位互相配合来完成任务	collaborate, cooperate
践行 v.	jiàn xíng	实行,实践	implement

二、短语、习语和专有名词(phrases, idioms and proper nouns)

1. 股份有限公司(proper noun), gǔ fèn yǒu xiàn gōng sī

企业的一种组织形式。公司的全部资本分为等额股份,股东以所持股份为限对公司承担责任,公司以其全部资产对公司的债务承担责任。股东大会是公司的最高权力机构。Company limited.

2. 深圳(proper noun), shēn zhèn

中国广东南部一个超大型开放城市,与香港接壤。Shenzhen.

3. 新能源车企(phrase), xīn néng yuán chē qǐ

专门从事新能源汽车研发、生产和销售的企业。新能源汽车包括混合动力电动汽车(HEV)、纯电动汽车(BEV,包括太阳能汽车)、燃料电池电动汽车(FCEV)以及其他新能源(如超级电容器、飞轮等高效储能器)汽车。"新能源"意为新型能源,如太阳能、风能等,它具有可再生、清洁、低碳等特点。New energy vehicle companies.

4. 自动化生产线(phrase), zì dòng huà shēng chǎn xiàn

由自动化机器体系实现产品工艺过程的一种生产组织形式。它是在连续流水线的基础上进一步发展形成的,所有机器设备都按统一的节拍运转,生产过程是高度连续的。Automatic production line.

5. 买不起(phrase), mǎi bù qǐ

没有足够的钱财去购买需要或者想要的物品。Cannot afford, unaffordable.

6. 摩托罗拉(proper noun), mó tuō luó lā

摩托罗拉公司,成立于1928年,总部设在美国伊利诺伊州绍姆堡,位于芝加哥市郊。它是全球芯片制造、电子通信的领导者。Motorola.

7. 力排众议(idiom), lì pái zhòng yì

极力排除、反驳各种不同的意见。Go against the tide, stand one's ground

against opposition.

8. 必由之路（idiom），bì yóu zhī lù

前往某处必定要经过的道路，多用于比喻（泛指事物必须遵循的规律或必须经历的过程）。The route one must take, an inevitable path.

9. 绵薄之力（idiom），mián bó zhī lì

绵薄（之力）是谦辞，指自己薄弱的能力，意为尽自己的努力去帮助别人。A modest contribution, a humble effort.

语言点学习（Grammar or Vocabulary Learning）

1. 之

原文： 坚持技术创新的发展之路（例句）。之后/而立之年/造车之路/必由之路/绵薄之力（词或词组及成语的例子）。

用法： "之"是从古汉语传承的词，既可用作指别，相当于"这，此"，如"之后"；也可作为结构助词，放在定语和中心语之间，相当于"的"，如"发展之路""而立之年""绵薄之力"等。其他相关例子，如：

(1) 坚持改革开放的发展之路。

(2) 之前，李老师已经介绍过相关情况。

(3) 在不惑之年做事情更应该讲究"稳"字原则，事前要仔细谋划，权衡利弊。

2. 之所以……是因为……

原文： 比亚迪公司之所以取得今天的显著成绩，是因为其创始人王传福领导员工，执着于发展技术，把技术放在企业发展的核心地位，通过不断创新，拥有新技术，开拓新领域，寻找跨界发展的机会。

用法： "之所以……是因为……"是一对表示因果关系的关联词，用于复句以解释某一现象或结果产生的原因。前一分句用"之所以"说结果，后一分句用"是因为"说出产生前面结果的原因，是整个复句的表述重点。例如：

(1) 今天之所以没有下雨，是因为云朵们都去旅行了。

(2) 玛丽之所以能考到这么高的分数，是因为她学习很努力。

(3) 大家之所以喜爱大熊猫，是因为它长得实在可爱。

3. 得益于

原文： 近年来，比亚迪公司规模出现爆发式增长，得益于其接连推出了几项颠覆性技术。

用法： "得益"为动词，意思是受益。"于"为介词，意思是"在""从"。整个短语的意思是"在……方面得到好处"。例如：

(1) 今天比亚迪发展成为超大型企业,这得益于公司长期坚持技术创新。

(2) 他渊博的知识得益于坚持终身学习。

(3) 公司去年业绩大增主要得益于主导产品价格大幅上涨。

4．屡次

原文：尤其在与海外对手的竞争中,比亚迪屡次以极具竞争优势的解决方案实现逆转并赶超对手。

用法："屡次"是副词,放在动词或动词性词语前面,意思为"一次又一次"。例如：

(1) 中国乒乓球队是一支世界水平的运动队,他们屡次夺得世界冠军。

(2) 出发前,妈妈屡次三番叮嘱我要注意旅途安全。

(3) 他有独到的眼光和过人的胆识,在股市上屡次出奇制胜,获利颇丰。

5．以……优势

原文：当时,该领域几乎被外国企业垄断,比亚迪采用更实用并且更低成本的"半自动、半人工"电池生产线和生产模式,以绝对的性价比优势,跃居行业第一。

用法："以"为从古汉语传承的词,用作介词时意思是"凭借,依据""用,拿"等。例如：

(1) 据说,英伟达将以开发新一代高性能 GPU 优势击败其他科技巨头,成为全球市值第一的股票。

(2) 在女子 54 公斤级决赛中,她以压倒性优势夺冠,实现了中国奥运女子拳击项目金牌"零的突破"。

(3) 有位专家提出,要以旅游文化产业特色为优势,助推这一地区的经济发展。

综合练习（Comprehensive Exercises）

一、根据课文内容回答问题（answer questions according to the text）

1. 比亚迪是一家什么公司？
2. 比亚迪公司为什么能取得今天的显著成绩？
3. 比亚迪最初的产品是怎么生产出来的？效果怎么样？
4. 比亚迪生产锂离子电池情况如何？
5. 比亚迪新能源车的战略内容是什么？

二、课堂讨论题（questions for discussion）

1. 说说你对比亚迪创始人王传福的认识。

2. 比亚迪公司由小到大的发展过程给你什么启发？

3. 说说你对"国际化是品牌的必由之路"这句话的理解。

4. 谈谈你对新能源车的认识。

三、词语搭配(collocation of words)

例：垄断(垄断-企业/组织，垄断-了几十年)(市场/行业-垄断，形成/打破-垄断)

　　协作(协作-单位/人员，协作-过几年)(区域/校际/安全-协作，放弃-协作)

　　型(外向/科技/经济-型)

1. 开拓(　　　)(　　　)　　　　2. 领域(　　　)(　　　)

3. 执着(　　　)(　　　)　　　　4. (　　　)(　　　)链

5. (　　　)(　　　)性　　　　　6. 跨界(　　　)(　　　)

7. 逆转(　　　)(　　　)　　　　8. 赶超(　　　)(　　　)

9. 坚实(　　　)(　　　)　　　　10. 践行(　　　)(　　　)

四、模仿例句，用给定的词语或结构造句(make sentences with given words or structures after examples)

1. 例句：你的每一步努力，都是通往成功道路的坚实脚印。

　　之：_____。

2. 例句：此前，张老师已经介绍过相关情况。

　　之：_____。

3. 例句：人们喜欢春天，春天到处都充满生机！你看，湖畔花红柳绿，多让人心情愉悦呀！

　　之所以……是因为……：_____。

4. 例句：比亚迪公司在竞争中立于不败之地，_____。(用"得益于"完成句子)

　　得益于：_____。

5. 例句：这支球队在国际比赛中一次又一次赢得冠军，早已声名远扬。

　　屡次：_____。

6. 例句：会上有专家提出，中国要凭借新的产业竞争优势来应对全球能源大转型。

　　以……优势：_____。

7. 例句：人工智能已成为全球产业变革的着力点，是一片蕴藏无限生机的_____。(用"蓝海"完成句子)

蓝海：_____。

8. **例句**：据说,某知名食品生产企业又增加了宠物市场的业务,参与宠物市场的激烈竞争。

入局……赛道：_____。

9. **例句**：收获了低价销售带来的丰厚利润之后,厂商加快同类产品的促销步伐,增加出货量,提升市场占有率。

尝到……甜头：_____。

五、口头表达（speaking practice）

对于一个商人来说,你觉得是有想法、有计划重要,还是有行动、有能力重要?

全班同学分成 A、B 两组,进行辩论。

A 组：有想法、有计划重要

B 组：有行动、有能力重要

辩论的时候尽量使用以下词语：

执着　开拓　成就　曲折　跨界　制胜　磨炼　领域　技术　创新　高效　蓝海　性价比　产业链　入局　赛道　赶超　不惜　冒险

六、写作（writing）

在创业过程中,如果你遇到了资金不足的情况,你会采取哪些方式来解决问题?请将你的想法写出来,300 字左右。

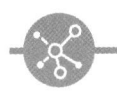

延伸阅读材料（Extended Reading）

敢想敢干敢坚持的比亚迪

比亚迪公司成立于 1994 年 11 月 18 日,公司商标上的三个英文字母"BYD"是"Build Your Dreams"的缩写,意为"成就梦想"。公司自成立以来,工程师出身的创始人王传福始终坚持技术创新的企业发展思路,把一个原先只生产充电电池的小厂发展成为以新能源汽车为中心的全产业链超大型企业。他认为,技术创新是比亚迪品牌的灵魂。只有掌握核心技术,比亚迪品牌的新能源车才能真正站牢站稳。在公司发展的过程中,技术很重要,因为扎实的技术有助于提升产品的质量,同时使公司能够开发新产品。比亚迪在埋头搞技术、用心抓品质的同时,也在持续推动品牌高质量发展,上述这些都体现了该公司"敢想敢干敢坚持"的精神。

案例式商务中文教程(通识本)

比亚迪创始人的执着和开拓表现为"敢想敢干敢坚持","敢"字背后的经营理念实际上是比亚迪的技术先行和顺应行业发展的趋势。王传福认为,技术创新让公司员工坚信向前走是有前途的,而顺应行业发展的趋势让他们走得更远。

比亚迪敢做锂离子电池,是因为他们相信锂离子电池必然替代镍电池从而成为新的蓝海。于是,王传福不管投入多大代价,都要让工程师们把锂离子电池的技术机理弄清楚。

比亚迪要造新能源车,是因为王传福断定,绕过燃油车,发展新能源,才是中国汽车发展的唯一出路。比亚迪即使在沉寂的十年里,也不断地做技术的突破、能力的积累。涡轮增压直喷发动机、双离合变速箱、城市公交电动化、第二代DM技术等,都是那个时期的产物。

如今,比亚迪的技术大爆发。如果我们回过头来看,就会有这样一个结论:刀片电池研发成功的背后,是比亚迪坚持了18年的磷酸铁锂技术路线;DM-i超级混动的成功量产背后,是坚持了17年的插混技术路线;e平台3.0的顺利运行背后,是坚持了14年的电动车开发路线。上述技术创新,都是常年积累的结果而绝非一日之功。

新技术体系的背后,是工程师们的创新动力。公司研发人员占比接近80%,拥有一批工程师型专家。他们研究数学、物理、材料学等技术科学的底层基础理论,公司无条件地鼓励他们去做各种各样的研究课题。王传福将这一理念称为"比亚迪的工程师之魂",这是"敢想敢干敢坚持"的本源。

注:以上延伸阅读材料主要根据《王传福"自曝"比亚迪三十年的商业机密:敢想敢干敢坚持》(https://baijiahao.baidu.com/s?id=1816114164368951123&wfr=spider&for=pc)等文改写而成。

阅读上述材料,完成下列题目(read the passage and do the following exercises):

1. 比亚迪公司商标上的三个英文字母"BYD"是什么意思?
2. 技术创新在企业发展中有什么作用?
3. 比亚迪公司的精神是什么?这种精神来自哪里?
4. 说说你对比亚迪创始人的执着和开拓的理解。
5. 举例说明比亚迪的重要技术创新。

第二课 "一点点"为什么这么火

案例背景（Background）

现在，年轻消费者对奶茶的热爱程度很高，接连诞生的奶茶品牌也丰富了他们的选择。大街小巷的网红奶茶"一点点"，就是其中之一。"一点点"奶茶是通过怎样的营销策略，在短时间内赚回成本，扩大市场影响力的？

课文主要根据《一点点奶茶火爆的秘诀》（https://www.yunyingpai.com/brand/469679.html）改写而成。

课文（Text）

"一点点"本来叫"50岚"，是台湾人于1994年创立的奶茶品牌。在台北奶茶市场，它小有名气，曾经有六百多家门店。台湾"50岚"，从最初的路边摊，到遍布台北的六百余家店，经营者早已熟悉了奶茶行业的运营方式和消费者的心理。

由于想进军大陆市场，因此2010年，"50岚"在上海成立了第一家分公司。可是，早在2006年时就有人在大陆注册了"50岚"商标，借它的名号做奶茶生意。于是，这家台湾"50岚"在2011年正式成立生根餐饮管理（上海）有限公司，用"一点点"商标开店经营。2015年之前，"一点点"奶茶店生意较为平淡，之后才"火"起来。

"一点点"在大陆奶茶行业能站住脚，离不开"50岚"在台北十几年开奶茶连锁店的经验。无论是资金、经营能力，还是调制奶茶的配方技术，"一点点"都有扎实的"内功"基础。

如今，台湾"50岚"的经营方法被移植到大陆"一点点"的经营管理中。在产品设计上，"一点点"奶茶可以根据顾客习惯来定制，随意选择甜度、温度和配料。这种"个性化定制服务"，是"一点点"奶茶出奇制胜的关键。

"一点点"奶茶的成功，也离不开品牌经营的两个小秘密。

一个是特意凸显人气。如果你是第一次去"一点点"奶茶店,服务员就会耐心地询问你对奶茶的具体要求,帮你完成第一杯"定制"奶茶。这时你不但不会嫌店家麻烦,反而会认为这样的服务很贴心、很赞!这样的问法除了能与顾客产生互动,让顾客觉得宾至如归外,也拉长了点单和制作过程,延长了顾客等待的时间,店门口能够在短时间内积聚人气。这就是"一点点"奶茶成功的第一个小秘密。

另一个是免费加料。"一点点"提供免费加料的东西很多,如珍珠、椰果、仙草、红豆等。商家免费提供这些东西,顾客感觉就完全不一样了,品牌的口碑就形成了,因为其他奶茶店不提供免费加料服务。免费加料是"一点点"奶茶成功的第二个小秘密。

控制发展门店的数量,保护自有品牌。这是"一点点"奶茶成功的又一个重要因素。

尽管"一点点"奶茶很火,公司却控制发展门店的数量。因为大多数人的心理状态是,得不到的东西才显得珍贵。"一点点"奶茶控制发展门店的数量,就是想让自己的品牌显得更有价值,维护自己的品牌。当一个品牌迅速扩张到一定程度之后,就应该考虑如何保护它了。这就像一只气球,往里面吹气能让它变大,但能变得多大,要看气球能承受的限度。如果超出限度,气球就会爆炸。同样的道理,要增加门店数量,就要考虑能不能管理得过来、服务质量会不会下降。

连锁企业运营中的每个环节都是紧密相关的。如果某一环节或者某个门店出问题,就会产生连锁反应,再恢复就比较困难了。

课前预习题(Pre-reading Tasks)

1. 你喝过"一点点"奶茶吗?它跟别的奶茶有什么不同?
2. 你在"一点点"奶茶店消费时,营业员是怎么为你服务的?说一说点单的过程。
3. 查阅资料,了解什么是连锁加盟经营模式。

生词和词语表达(New Words and Expressions)

一、生词(new words)

课文中的生词

生词及词性	拼音	汉语解释	英语翻译
火 adj.	huǒ	兴旺,兴隆	hot;popular

续 表

生词及词性	拼 音	汉语解释	英语翻译
网红 n.	wǎng hóng	原为网络红人的简称,文中比喻因受消费者欢迎而走红的奶茶	internet celebrity; popular milk tea
营销 v.	yíng xiāo	经营销售	market
成本 n.	chéng běn	产品在生产和流通过程中所需的全部费用	cost
遍布 v.	biàn bù	分布到所有的地方,散布到每个地方	be found everywhere
运营 v./n.	yùn yíng	比喻机构有组织地工作	operate（v.）; operation（n.）
进军 v.	jìn jūn	比喻向某个目标前进	enter (the market)
名号 n.	míng hào	名称,称号	good reputation
平淡 adj.	píng dàn	(生意等)一般、平常	slack; not active
连锁店 n.	lián suǒ diàn	使用统一品牌,经营业务相关、方式相同的若干个商店	chain store
配方 v.	pèi fāng	为某种物质(如中药、混合咖啡等)配料提供配比制作的方法	formula
扎实 adj.	zhā shí	(工作等)实在、踏实	solid; strong
定制 v.	dìng zhì	按照客户要求制作产品	customize
移植 v.	yí zhí	原指把苗床或秧田里的幼苗移种到田地里,文中指把一家企业的经营方法用在另外一家企业上	transplant; the application of one company's business methods to another company
关键 n./adj.	guān jiàn	本文中词性为名词,比喻紧要的部分或起决定作用的因素;也可用作形容词,指对事情起决定作用的	key(n./adj.)
人气 n.	rén qì	人或事物受欢迎的程度	popularity; public enthusiasm
赞 adj.	zàn	好,棒,厉害	great

续 表

生词及词性	拼　音	汉语解释	英语翻译
点单 v.	diǎn dān	从菜单、饮品单等上定制所需东西	order
口碑 n.	kǒu bēi	指群众口头上的赞美（源于有很多称颂的文字刻在石碑上）	word of mouth; public praise
加盟 v.	jiā méng	加入某一团体或组织	join; ally oneself to
扩张 v.	kuò zhāng	扩大（势力、疆土等）	expand
连锁 adj.	lián suǒ	一环扣一环，像锁链一样连续不断的	chain

二、习语和专有名词（idioms and proper nouns）

1. 大街小巷（idiom），dà jiē xiǎo xiàng

泛指城市里的各处街道。The streets and alleyways.

2. 小有名气（idiom），xiǎo yǒu míng qì

"名气"为名词，意思是名声。整个习语的意思为：有点儿名气，名声好。A little famous; a minor celebrity.

3. 站住脚（idiom），zhàn zhù jiǎo

取得了稳定的地位。Gain a foothold.

4. 路边摊（idiom），lù biān tān

设在路旁、广场上，没有店面的售货处。Vendor's stand; booth.

5. 出奇制胜（idiom），chū qí zhì shèng

比喻用常人意想不到的方法、手段来取得好的效果。Defeat one's opponent by a surprise move.

6. 宾至如归（idiom），bīn zhì rú guī

客人到了这里就好像回到自己家里一样，形容主人待客热情周到。Guests feel at home.

7. 一点点（proper noun），yī diǎn diǎn

中国大陆的一种奶茶品牌。Yidiandian (trade name).

8. 50岚（proper noun），wǔ shí lán

"岚"指山里的雾气（clouds and mists in the mountains），"50岚"是台湾人在1994年创立的奶茶品牌。Wushilan（trade name）。

9. 生根餐饮管理(上海)有限公司(proper noun)，shēng gēn cān yǐn guǎn lǐ yǒu xiàn gōng sī

"一点点"奶茶公司名，2011年成立于上海。Shen-Keng Food and Beverage Management Co., Ltd.

语言点学习（Grammar or Vocabulary Learning）

1. 无论是……,还是……,都……

原文：无论是资金、运营能力，还是调制奶茶的配方技术，"一点点"都有扎实的"内功"基础。

用法："无论是……,还是……,都……"引导结果不以条件为转移的条件关系复句。例如：

（1）无论是学生还是老师，都需要刷校园卡进校。

（2）无论是公司高管还是普通员工，都必须打卡上下班。

（3）比尔·盖茨认为，无论是健康还是教育，人工智能都有潜力让贫困人群受益。

2. ……不但不……,反而……

原文：这时你不但不会嫌店家麻烦，反而会认为这样的服务很贴心、很赞！

用法：关联词语"……不但不……,反而……"引导复句，陈述两种相反情况。它是一种递进中有反转表述的特殊递进复句——反递复句。例如：

（1）面对困难，他不但不退缩，反而知难而进，勇往直前。

（2）尽管需要压缩一些财政支出，但教育事关国家发展和民族未来，不但不能减少经费投入，反而要加大投入力度。

（3）那次不愉快的事情发生之后，他不但不记恨我，反而帮助我。

3. 尽管……,却……

原文：尽管"一点点"奶茶很火，公司却控制发展门店的数量。

用法："尽管……,却……"引导复句，可表示让步和转折，但陈述重点在后面表转折关系的正句。例如：

（1）尽管前进的路上有很多困难，却一丝一毫动摇不了大家的决心。

（2）尽管他有许多独特的创新，他却把成绩归功于导师的指导。

（3）尽管这里是一座沿海的小城市，人们的节日却过得热闹、隆重。

4. 站住脚

原文："一点点"在大陆奶茶行业能站住脚，离不开"50岚"在台北十几年开奶茶连锁店的经验。

用法："站住脚"意即"取得了稳定的地位"，用于对相关对象的陈述。例如：

（1）新人入职后，要考虑如何在职场上站住脚。

（2）公司到国外新市场发展，要考虑怎样在这个国际新环境里站住脚。

（3）他暗下决心，一定要在这个充满机会和挑战的城市里站住脚，像其他人一样在这里安家立业。

5. 如果……就……，再……就……

原文： 如果某一环节或者某个门店出问题，就会产生连锁反应，再恢复就比较困难了。

用法："如果……就……"前一分句提出一个假设的条件，后一分句说明在这个条件下产生的结果；"再……就……"是类似前面假设复句的紧缩复句，其假设条件跟前面假设复句的结果有关。"如果……就……，再……就……"引导多重复句，两个复句叠加在一起，有递进的意思。例如：

（1）如果全球气候持续变暖，人类居住环境就会恶化，再恢复宜居的环境就比较困难了。

（2）如果市场持续向好，公司经营状况就会扭亏为盈，再扩大经营规模就容易了。

（3）如果找到了有效的汉字学习方法，汉语阅读的困难就会缓解，再提高汉语水平就容易多了。

综合练习（Comprehensive Exercises）

一、根据课文内容回答问题（answer questions according to the text）

1. "一点点"和"50岚"有什么关系？
2. 为什么"一点点"奶茶店门口总有那么多人在排队？
3. "一点点"奶茶店为什么要免费给顾客加料？
4. 加盟"一点点"奶茶连锁店容易吗？为什么？

二、课堂讨论题（questions for discussion）

1. 你会为喝一杯奶茶或吃一种美食而长时间排队吗？
2. 你觉得"一点点"奶茶成功的主要原因是什么？
3. 你想不想在你们国家也开一家"一点点"奶茶店？

三、词语搭配（collocation of words）

例：关键（关键-技术/问题）（问题/技术-很关键，很/十分/非常-关键）
　　加盟（加盟-奶茶/咖啡连锁店）（难以/不愿/无法-加盟）

1. 火（　　）（　　）　　　　2. 运营（　　）（　　）
3. 人气（　　）（　　）　　　4. 进军（　　）（　　）
5. 平淡（　　）（　　）　　　6. 定制（　　）（　　）
7. 口碑（　　）（　　）　　　8. 移植（　　）（　　）
9. 遍布（　　）（　　）　　　10. 连锁（　　）（　　）

四、模仿例句，用给定的词语或结构造句（make sentences with given words or structures after examples）

1. 例句：无论是体力劳动，还是脑力劳动，都是为社会创造财富。
　　无论是……，还是……，都……：_____
_____。

2. 例句：在获得成功之后，他不但不骄傲，反而更加发愤图强，研发更有市场竞争力的产品。
　　……不但不……，反而……：_____。

3. 例句：尽管学好汉语会碰到很多困难，却丝毫动摇不了同学们的决心。
　　尽管……，却……：_____。

4. 例句：经过多年的奋斗，他好不容易在这儿站住了脚。
　　站住脚：_____。

5. 例句：如果找到了有效的学习方法，汉语水平就会提高，以后进入院系再学习专业知识就会容易一些。
　　如果……就……，再……就……：_____
_____。

6. 例句：由于要进军北美市场，因此1999年该公司在美国南卡罗来纳州建立了工业园，生产家用电器。
　　由于：_____。

7. 例句：当一个商业品牌快速发展到一定程度之后，就应该考虑如何保护它了。
　　一定程度之后：_____。

五、口头表达（speaking practice）

情景表演：

A 同学为顾客,第一次光临"一点点"奶茶店,想买一杯奶茶。

B 同学为"一点点"奶茶店员工,为 A 热情服务。

模拟表演整个点单过程,注意突出"一点点"奶茶店的服务特色。尽量使用以下词语:

名气　人气　品牌　定制　很赞　免费　口碑　光临

六、写作(writing)

1. 请用"火起来""小有名气""进军""站住脚"等词语写一段话,简单叙述一下"一点点"奶茶店的发展历史。

2. 请写一篇 300 字左右的短文,简述"一点点"奶茶店成功运营的两个小秘密。

延伸阅读材料(Extended Reading)

如何经营加盟店

加盟店指接受相同的经营项目、产品标准、服务标准、管理模式、价格体系、CI 识别系统(Corporate Identity System)等要求和标准而开展经营活动的商店,它们需要向总店支付相应的加盟、品牌、广告、管理等费用,同时,需要按照总店的价格,销售对方指定的产品。加盟店的店主是加盟店的法人代表,加盟店在经营上自负盈亏。

在创业过程中,怎么加盟合适的连锁店? 首先,要做好市场定位。在寻找连锁店、加盟品牌之前,一定要为自己的经营方向做一个市场定位。可根据自己的特长来选择合适的行业。确定好了大概的方向之后,再从这个业务圈内选择合适的连锁店品牌。然后,要看连锁店品牌的口碑。确定好了合适的经营方向之后,就要进行连锁店品牌的选择。可以根据连锁店品牌的市场口碑来确定品牌是否靠谱,这样才能够保障后期经营的成功率。所以,一定要做好充分的市场调查研究。

在具体操作上,还需要考虑下列问题:

第一,投入资金要合理。由于开店匆忙,现实中有一些投资者事先没有准备好充足的资金。为了凑齐高昂的加盟费、保证金等费用,这些投资者便开始向亲友借钱或借高利贷。在这种情况下,即使开店成功,也可能为了筹钱还债而无心管理店铺,时间一长,生意再好的店铺也可能因为财务困难而倒闭。

第二,实地考察直营店经营状况。要想加盟,就必须实地考察品牌直营店。最好不要有拟加盟公司的人员陪伴,而要在对方不知道的情形下暗访。建议创业者先在该店面周围观察一段时间,察看其店面形象、客流量等情况。再在客流较多的时候,假装成购物的顾客,观察其货品价位、质量、设计等方面的情形。

第三,商圈保障问题。通常情况下,为确保相关加盟店的营运利益,加盟总部会设置商圈保障范围,即在某个商圈之内不再开设第二家分店。因此,加盟者必须搞清楚,保障的商圈范围有多大,营运盈利前景如何。

第四,规章制度等问题。一般的加盟合约内容少则十几条,多则上百条。不过,通常都会有这样一条规定:"本合约未尽事宜,悉依总部管理规章办理。"如果加盟者遇到这样的情形,则最好要求总部将管理规章附在合约后面,成为合约的附件。

第五,控制好经营成本。控制经营成本对店铺的盈利极为重要,投资者应该尽量将成本控制在一定的范围内,但也不要盲目节省。

注: 以上延伸阅读材料主要根据百度百科词条"加盟店"(https://baike.baidu.com/item/加盟店/5344623?fr=ge_ala)、"连锁加盟"(https://baike.baidu.com/item/连锁加盟/1372179?fr=ge_ala)等改写而成。

阅读上述材料,完成下列题目(read the passage and do the following exercises):

1. 什么是加盟店?
2. 怎么加盟合适的连锁店?
3. 经营加盟店在资金投入上有什么要求?
4. 选择加盟店时,怎样考察直营店经营状况?
5. 怎样控制好加盟店的经营成本?

第三课　水果帝国成长之路

案例背景（Background）

百果园，被业界称为"水果连锁零售第一股"。它从一家街边水果店，2023年发展为市值百亿元的上市企业，通过规模效应，实现了品牌的发展和企业的成长。百果园在水果零售业走出的新零售和连锁零售的道路，值得相关行业经营者思考。

课文主要根据百果园官网信息(https://www.pagoda.com.cn/)、《16年如一日的他，因为什么被称为水果之王？》(https://www.sohu.com/a/258624424_117373)等内容改写而成。

课文（Text）

百果园是中国最大的集果品生产、贸易、零售为一体的水果专营企业，也是全球水果专营连锁业态的开创者。为什么百果园能发展成为水果帝国？这跟创始人余惠勇有着密不可分的关系。

结缘水果经营

1997年，农学出身的余惠勇担任爱地绿色食品公司副总经理。受相关行业连锁经营方式的启发，他产生了经营水果连锁店的想法。但是纵观世界，当时并没有水果连锁店销售模式。这意味着余惠勇没有模仿和借鉴的对象，一切都要从零做起。

经过五年的摸索，余惠勇正式开出了第一家百果园门店。当时，卖水果的生意并不被市场看好。在租店面的时候，当余惠勇告诉业主自己将要做卖水果生意时，业主甚至都不想租给他。因为业主认为光店面租金一个月就要18 000元，卖水果这种低利润的生意怎么可能维持这么高的开销。但是在百果园开业当天，火爆场面却让业主非常吃惊。余惠勇后来在采访中提到,仅开业那天的收益就远远超过了 18 000 元。

随后几年,百果园开始了它的扩张之路。到了 2015 年,百果园用十多年时间新增门店 1 000 家以上。2023 年 6 月,百果园在全国的连锁店已超过 5 600 家,覆盖超过 140 个城市。

创立行业标准

百果园成功的原因之一,就是建立了一套可复制的水果连锁经营标准,包括水果品质标准、开办门店标准等。

百果园将其销售的水果分成三级十等。先按照水果内在品质,分成 A、B、C 三级;每一级又按照个头,分成大、中、小三等;在 A 大等级之上,还设有招牌级别。以冬枣为例,甜度达到 22 以上就为 A 级,A 级中重量超过 12 克为大果、9~12 克为中果、9 克以下为小果;要达到招牌级别,还要求冬枣皮的化渣性达到入口即化的标准。因此,在百果园门店中所销售的果品,均是以等级定价。

除了设立果品标准之外,百果园还对其连锁的各个环节建立起标准。比如,门店的大小以 50 平方米为佳,选址以大型中高档社区为主,门店员工控制在 5~8 人等。

建立全产业链

水果的生鲜特性导致许多水果生产商难以保质、保量、按时给百果园供货。对此,余惠勇并没有坐以待毙,而是选择另外投资,介入经营的上游——水果种植。

早在 2002 年,百果园就投资设立了江西省安远东江脐橙开发有限公司,余惠勇担任董事长。他亲自带队到田间地头种植橘柑类果树。随后,在海南、云南,百果园又直接投资两块蜜瓜种植基地和一块葡萄种植基地。三大种植基地加起来,占地面积超过 15 000 亩。三十多名农科专业的毕业生分散在各个基地,研究种植技术,提高了果品质量。

除了自己直接购地种植果品之外,百果园也逐步与全国相关果品基地建立了业务合作关系。

课前预习题(Pre-reading Tasks)

1. 观察百果园门店,看看它们卖的水果有什么特点。
2. 查阅相关资料,收集百果园和余惠勇的创业信息。

生词和词语表达（New Words and Expressions）

一、生词（new words）

课文中的生词

生词及词性	拼音	汉语解释	英语翻译
零售 v./n.	líng shòu	动词指零散地直接向消费者出售，名词指这种销售方式；与"批发"相对	retail（v./n.）
效应 n.	xiào yìng	某人言行或某种事物发生、发展在社会上引起反应和效果	effect；influence
业态 n.	yè tài	业务经营的方式、状态	business form; mode of operation
结缘 v.	jié yuán	人与人、人与事物之间结下缘分	form ties（of affection, friendship, etc.）
出身 n.	chū shēn	由个人早期经历或家庭经济状况所决定的身份	identity; origin
纵观 v.	zòng guān	放眼观察（形势等）	make an overall survey
模仿 v.	mó fǎng	照某种现成的样子学着做	imitate; copy
借鉴 v.	jiè jiàn	拿别的人或事作对照，以便从中学习或吸取经验教训	use for reference; draw on
摸索 v.	mō suǒ	试探着（前进），寻找（方向、方法、经验等）	feel about; try to find out
看好 v.	kàn hǎo	（人或事物）将要出现好的势头	think highly of
业主 n.	yè zhǔ	企业（多指私营的）及（居民）物业等的所有者	owner; proprietor
开销 n.	kāi xiāo	支付的费用	expenses
火爆 adj.	huǒ bào	兴旺、热闹、红火	prosperous; very hot
收益 n.	shōu yì	生产上或商业上的收入	profit
覆盖 v.	fù gài	遮盖，涵盖	cover
个头 n.	gè tóu	身材或物体的大小	height; size

续　表

生词及词性	拼　音	汉语解释	英语翻译
招牌 n.	zhāo pai	原指店家写有店名、经营方式等内容的牌子；文中比喻某种名义或称号	shop sign；signboard；（fig.）reputation of a business
级别 n.	jí bié	等级的区别	level；rank
渣（子）n.	zhā zi	渣滓,碎屑	scrap；residue
介入 v.	jiè rù	参与并且干预	intervene；get involved
上游 n.	shàng yóu	河流接近源头的那一段,或事件的前一阶段	head waters；upper reaches
董事长 n.	dǒng shì zhǎng	董事会选举产生的公司法定代表人	chairman of the board
橘柑 n.	jú gān	即橘子,一种扁圆形红黄色水果,果肉多汁,酸甜不一	tangerine
购 v.	gòu	买	purchase

二、短语、习语和专有名词（phrases, idioms and proper nouns）

1. 集……为一体（phrase），jí……wéi yī tǐ

把原本分开的事物融为一体。Integrate.

2. 带队（phrase），dài duì

带领并指挥队伍。Lead a team.

3. 入口即化（idiom），rù kǒu jí huà

食物很软,一放到嘴里就融化了。(Be so tender that it) melts in one's mouth.

4. 密不可分（idiom），mì bù kě fēn

形容十分紧密,不可分割；交织在一起。Inseparable.

5. 坐以待毙（idiom），zuò yǐ dài bì

比喻遇到危险不采取积极措施而坐待失败。Await one's doom；sit and wait for death (idiom)；resign oneself to fate(听天由命).

6. 田间地头（idiom），tián jiān dì tóu

田地里,指种植农作物的地方。In the fields.

7. 百果园（proper noun），bǎi guǒ yuán

2001年成立于深圳的一家集水果采购、种植支持、采后保鲜、物流仓储、门店零售等于一体的大型连锁企业。PAGODA FRUIT IS PAGODA（trade name，Baiguoyuan 是汉语拼音名字）.

语言点学习（Grammar or Vocabulary Learning）

1. 集……为一体

原文：百果园是中国最大的集果品生产、贸易、零售为一体的水果专营企业。

用法："集……为一体"是动词性框式表达结构,意思是把原本不是一起的事物融为一体。例如：

（1）湖南省道县的传统龙船竞赛活动是一项集健身、娱乐、竞技于一体,具有地方民俗特色的群众性体育活动,有着广泛而深厚的群众基础。

（2）自创业以来,该公司一直致力于以布艺沙发为主,集市场调研、设计、制造、销售、服务于一体的经营模式。

（3）该饭店视野开阔,环境优雅,是集休闲、度假、商务洽谈、文化娱乐为一体的理想之处。

2. 甚至（……）都……

原文：当余惠勇告诉业主自己将要做卖水果的生意时,业主甚至都不想租给他。

用法："甚至（……）都……"引导的句子从范围、程度等方面强调突出的事例。例如：

（1）教室里安静极了,甚至连一根针掉下来都能听见。

（2）妈妈很快就把晚饭做好,甚至连饭后水果都准备好了。

（3）他的声音是那么响亮,甚至都不需要麦克风。

3. 除了……（之）外,还……

原文：除了设立果品标准之外,百果园还对其连锁的各个环节建立起标准。

用法："除了……（之）外,还……"引导复句,陈述在所说的内容之外,还有补充的相关内容。例如：

（1）除了阅读商务汉语教材之外,他在图书馆里还参阅了用汉语编写的经济贸易类课本。

（2）除了洗衣、做饭等日常家务事之外,她还要辅导两个孩子学习。

（3）除了能让身体健康之外,运动还能使一个人的精神保持最佳状态。

综合练习（Comprehensive Exercises）

一、根据课文内容回答问题（answer questions according to the text）
1. 百果园是一家什么样的企业？
2. 余惠勇怎么想到要经营水果连锁店的？当时中国水果连锁店是什么状况？
3. 业主为什么不太愿意租房子给余惠勇开水果店？百果园开业那天生意怎样？
4. 课文中提到百果园成功的原因是什么？余惠勇为什么要介入水果种植？
5. 简单介绍一下百果园的水果品质标准和开设门店标准。

二、课堂讨论题（questions for discussion）
1. 请你简单介绍一下百果园水果连锁店经营模式的特点。
2. 你对百果园水果连锁店经营模式评价如何？
3. 水果店的利润高不高？什么因素决定了利润的高低？
4. 水果属于生鲜类食品，水果店可以采取哪些措施来保证水果质量？
5. 你觉得百果园这样的水果连锁店在你们国家能经营成功吗？

三、词语搭配（collocation of words）
例：结缘（结缘-水果种植/汉语教学）（跟咖啡经营/跟高铁建设-结缘）
　　业态（业态-变化/升级）（新/零售-业态）

1. 收益（　　）（　　）　　2. 出身（　　）（　　）
3. 纵观（　　）（　　）　　4. 火爆（　　）（　　）
5. 模仿（　　）（　　）　　6. 招牌（　　）（　　）
7. 级别（　　）（　　）　　8. 效应（　　）（　　）
9. 零售（　　）（　　）　　10. 借鉴（　　）（　　）

四、模仿例句，用给定的词语或结构造句（make sentences with given words or structures after examples）
1. 例句：所谓"多媒体"，就是集文本、声音和图像等多种媒体形式为一体。
   集……为一体：_____。
2. 例句：小店本来生意就少，又接连遭遇暴雨，有时甚至一天都没有一个顾客。
   甚至（……）都：_____。
3. 例句：除了品尝美食之外，中秋节时留学生还可以在学校餐厅亲手制作月饼。

除了……(之)外,还:＿＿＿＿＿＿＿＿＿＿＿＿＿＿＿＿＿＿＿＿＿＿＿＿＿＿＿＿。

4. **例句**:阿里巴巴能发展成为巨大商业体,跟创始人采取的经营策略有着密不可分的关系。

跟……有密不可分的关系:＿＿＿＿＿＿＿＿＿＿＿＿＿＿＿＿＿＿＿＿＿。

5. **例句**:当时,在网上开店的生意并不被消费者看好。

看好:＿＿＿＿＿＿＿＿＿＿＿＿＿＿＿＿＿＿＿＿＿＿＿＿＿＿＿＿＿＿＿＿。

五、口头表达(speaking practice)

假如你是百果园连锁加盟事务的管理者,有创业者来咨询加盟水果门店。请你介绍百果园加盟店的经营标准,包括水果品质、门店面积、员工人数等。注意尽量使用以下词语:

加盟　连锁店　选址　标准　等级　定价　利润　保质保量

六、写作(writing)

请为百果园门店销售的新鲜水果,比如西瓜、苹果或猕猴桃(kiwi fruit)写一段宣传广告。注意,要突出产品在价格、质量及配送方式等方面的优势,300字左右。

延伸阅读材料(Extended Reading)

百果园创业者和他的经营理念

百果园(全称深圳百果园实业股份有限公司)于2001年成立于深圳,创始人是余惠勇。这是一家集水果采购、种植支持、采后保鲜、物流仓储、标准分级、营销拓展、品牌运营、门店零售、信息科技、金融资本、科研教育于一体的大型连锁企业。

百果园的快速成长使余惠勇一跃成为全球水果产业的风云人物。百果园从零开始,发展成为全球领先的水果帝国。人们也许能从余惠勇的就业、创业经历中得到某些启发。

余惠勇于1968年出生,从江西农业大学园艺系农业蔬菜专业毕业后,在江西农科院从事食用菌研发工作,但他感兴趣的却是果树种植。当时恰逢改革开放,北边人南下深圳闯荡成了一种趋势,这让想要干出一番事业的余惠勇看到了希望。于是他辞去工作,开始了在深圳的奋斗之路。

1995年的深圳,社会经济发展迅速,果蔬行业需求非常旺盛。蔬菜专业毕业的余惠勇很快被一家公司录用,并担任部门经理一职。不过,每月1 200元的工资使得他只能过节俭的生活。比如,跑业务通常选择骑自行车而不敢坐公交车,有时候甚至要骑行几十公里。遇到路途太远,没法骑车去跑业务的情况,他只能选择搭乘公交车。然而公司财务对跑业务产生的费用不能及时报销,这样一来,原本就非常低的工资使他连吃饭都成了问题。余惠勇跟财务部经理协商未果,便下定决心离开了这家公司,选择自己创业——创办百果园。在他的经营下,百果园不断发展壮大,成为水果业界上市的大型公司。

2009年百果园提出了一项服务承诺,即无小票、无实物、无理由的"三无退货"。购买水果没有"三无退货",就意味着对大部分消费者而言没有质量保证。水果是生鲜类食品,消费者看不到内在品质。推行"三无退货"政策,店家会不会遇到顾客恶意退货呢?会有,但毕竟还是少数。再加上消费者购买水果的金额一般不大,顾客没必要不诚信。从营销效果看,如果顾客买了百果园的水果,质量不好店家却不承认,就会伤害顾客,顾客以后不再光顾了,实际上最终受损的还是店家自己。保护消费者的利益,这才是最重要的。百果园做"三无退货"十周年活动的时候,依据十年数据推出一个主题叫作"可信的中国人"。据百果园统计,十年来,公司总退货订单数(含"三无退货"及其他退货)和总退货金额占比,始终低于1%;其中,"三无退货"的订单数和退货金额占比始终在0.5%上下浮动。通过对十年的退货率分析,1%退货率数据是符合生鲜销售规律的。

"三无退货"是对顾客的充分信任。顾客有任何不满意,都可在门店或App上享受退货服务。经营实践发现,"好吃"对于水果购买者是最基本、最核心的诉求;"好吃"对于水果,还代表着"营养""安全"和"生态"。因此,百果园认为"好吃是检验水果的重要标准",并提出了"做更好吃的水果"战略。

注: 以上延伸阅读材料主要根据百果园官网信息(https://www.pagoda.com.cn/)、《百果园"十年数据说,可信中国人"发布会,余惠勇董事长演讲全文》(https://www.sohu.com/a/423438289_120181749)等改写而成。

阅读上述材料,完成下列题目(read the passage and do the following exercises):
1. 余惠勇有怎样的人生经历?
2. 百果园是怎样发展成为全球领先的水果帝国的?
3. "三无退货"的内容是什么?
4. 为什么要推行"三无退货"承诺?
5. "三无退货"十周年的统计数据结果说明了什么?

二、市场营销
Part II Marketing

第四课 胡雪岩的经商之道

案例背景（Background）

胡雪岩，祖籍安徽绩溪，是晚清时期著名的商人。他白手起家，从一名小伙计到富可敌国的"红顶商人"，被后人称为"亚商圣"。

课文主要根据《胡雪岩经商有多厉害，3个小故事告诉你，原来生意是这样做出来的》(http://www.360doc.com/content/20/0328/17/36905110_902270993.shtml)改写而成。

课文（Text）

晚清商人胡雪岩有超出平常人的经商处世智慧，为世人称道。民间流传着不少他的故事，至今仍对职场人士有启发意义。

广交善缘，赢得机遇

关于胡雪岩，最有名的是打伞的故事。胡雪岩在安徽老家粮行做伙计时，每当下雨天，如果看到有人在街上淋雨，他就会过去给陌生人打伞，送他回家。时间一长，很多当地人认识他，由此积累了不少人缘。

他走出去发展的机会就是通过善缘得来的。他15岁在粮行当学徒时，有一位来谈生意的客商病倒了。客商在当地举目无亲，胡雪岩主动承担起了照顾他的责任。胡雪岩端药送饭，问寒问暖，让客商很感动。客商本是金华火腿行的老板，康复后，他决定好好感谢这个小伙计，于是说自己的商行比粮行大得多，想让胡雪岩跟着他。在得到粮行老板同意后，胡雪岩才决定跟着客商去浙江发展，这为他以后的商业发展打下了根基。

现代职场中，有些人喜欢斤斤计较。实际上，吃小亏，积大福。我们帮别人做了一些事，别人会记在心里，说不定以后就会给我们带来发展的机遇。

投资善举,互惠互利

后来,胡雪岩到杭州做起了药材生意,开办了著名的"胡庆余堂"。他在杭嘉湖有很多客源,来自金华一带的却很少。胡雪岩想开拓金华那边的客源,让手下的伙计去了解其中的原因。结果发现,金华一带人来杭州陆地交通不便。那边的顾客到杭州大多数需要乘船,而"胡庆余堂"的老对手叶种德药店就开在杭州码头附近,占了地理之便。为了吸引金华一带的客源,胡雪岩想出了一个办法:他义建码头、购买渡船,让行人、牲畜等免费使用。

胡雪岩的这个做法可以说是一举多得、互惠互利:一方面,大大地方便了客商,赢得了乘客的心;另一方面,为他经营的"胡庆余堂"带来了源源不断的金华客源,因为客商们乘渡船进杭州城,下了码头需要经过"胡庆余堂",就会来照顾生意,给商铺带来了很多利润。

品质保障,真不二价

药物能救人,也能伤人性命,历代医者对药方都非常谨慎。胡雪岩也非常重视自家药方的品质。清朝末年已有报刊出版,胡雪岩在报刊上发布信息,求助于优秀的医学人才。当时,有一位民间郎中献出了家传秘方,经验证,为失传古方,胡雪岩当场重金奖励。此后,有更多人来"胡庆余堂"献药方。胡雪岩对每副药方都认真检验,还邀请各地名医进行药品研究,这让"胡庆余堂"研制出了不少中成药。在战乱、瘟疫时期,其更是研制出了"诸葛行军散""八宝红灵丹"等救命的药物。

其他药店的药品比不过"胡庆余堂",生意自然不好。这些药店就打"价格战",通过压低价格来抢生意。胡雪岩丝毫不慌,在店内挂出金字招牌"真不二价",意思是保证质量好,不会压低价格。果然,其他药店卖的"便宜次药"效果不好,反而使得更多人涌去"胡庆余堂"买药。

课前预习题(Pre-reading Tasks)

1. 查阅资料,收集中国著名"红顶商人"胡雪岩的经商情况。
2. 收集资料,总结中国历史上"三大商帮"之一徽商的基本特点。

生词和词语表达（New Words and Expressions）

一、生词（new words）

课文中的生词

生词及词性	拼音	汉语解释	英语翻译
经商 v.	jīng shāng	经营商业	do business
祖籍 n.	zǔ jí	原籍，祖先居住地	ancestral home
后人 n.	hòu rén	后代的人	descendant
伙计 n.	huǒ ji	文中指店员（旧指），现常指合作共事的人	shop assistant; partner
称道 v.	chēng dào	称述，称赞	commend; praise
职场 n.	zhí chǎng	职业场所或职业社会	workplace; career
善缘 n.	shàn yuán	指与佛门的缘分，也指好的缘分	fate with Buddhism; good karma
粮行 n.	liáng háng	旧指粮店。"行"指营业机构，如银行、商行等	grain retail store
陌生人 n.	mò shēng rén	不认识的人	stranger
人缘 n.	rén yuán	与人相处的关系	relations with people
根基 n.	gēn jī	基础	foundation
说不定 adv.	shuō bù dìng	表示估计程度，可能性很大	maybe; perhaps
药材 n.	yào cái	可做中药的原材料	medicinal materials; herbs
客源 n.	kè yuán	顾客、乘客、游客等的来源	customers; customer base
手下 n.	shǒu xià	领导下的人员	subordinates
地理 n.	dì lǐ	一个地区山川等自然环境及交通等社会经济因素总情况	geography
码头 n.	mǎ tóu	海边和江河边供船只停靠、乘客上下、货物装卸的建筑物	dock
渡船 n.	dù chuán	用来载人或运货，横渡江河、湖泊、海峡的船	ferryboat

续 表

生词及词性	拼 音	汉语解释	英语翻译
牲畜 n.	shēng chù	为某种用途饲养的家畜,主要指菜畜、奶牛和役畜	domestic animals; livestock
义建 v.	yì jiàn	为公益无报酬地建设(新设施)	built voluntarily
保障 v.	bǎo zhàng	保护(质量等),使不受破坏	ensure; guarantee
性命 n.	xìng mìng	人和动物的生命	life
谨慎 adj.	jǐn shèn	慎重,小心	cautious; careful
药方 n.	yào fāng	医生诊病后给病人开列的药物名称、用量、用法等	prescription
郎中 n.	láng zhōng	以前对中医医生的称呼	doctor; ancient chinese medicine practitioner
验证 v.	yàn zhèng	通过试验或应用来证实	test and verify
瘟疫 n.	wēn yì	流行性急性传染病的统称	plague
丝毫 adj.	sī háo	非常少或极小	a bit; the slightest amount
次 adj.	cì	质量差,品质差	second-rate; of inferior quality
涌 v.	yǒng	比喻(人或事物)大量出现	rush; pour

二、短语、习语和专有名词(phrases, idioms and proper nouns)

1. 家传秘方(phrase), jiā chuán mì fāng

"家传"为动词,意思是家庭世代相传。整个短语的意思为家庭世代相传的秘密配方。A secret prescription handed down in the family from generation to generation; ancestral recipe.

2. 失传古方(phrase), shī chuán gǔ fāng

"失传"为动词,意思是因没有被人继承而得不到延续。整个短语意思为:因没有被人继承而得不到延续的中药药方。Ancient prescriptions lost in history.

3. 源源不断(idiom), yuán yuán bù duàn

继续不断的样子。Continuously.

4. 白手起家(idiom), bái shǒu qǐ jiā

在一无所有或基础很差的情况下，创立起事业。Start from scratch; build up from nothing; rise by one's own efforts.

5. 富可敌国(idiom), fù kě dí guó

"敌"为动词，意思是相等、相当。整个习语的意思为：拥有的财富可与一国的资财相当，形容极其富有。Rich as the state (idiom); incomparable wealth.

6. 举目无亲(idiom), jǔ mù wú qīn

形容一个人在外地，十分孤单。Look up and see no-one familiar (idiom); not have anyone to rely on in the world.

7. 问寒问暖(idiom), wèn hán wèn nuǎn

形容十分关心人。To ask about somebody's health with deep concern.

8. 斤斤计较(idiom), jīn jīn jì jiào

过分注重微小的利益或琐碎的事情。Worry unduly over minor matters; be excessively mean in one's dealings.

9. 吃小亏，积大福(idiom); chī xiǎo kuī, jī dà fú

做事情时先有少量的付出，以后可能有大的收益。Suffer small losses and accumulate great blessings; throw a sprat to catch a mackerel.

10. 互惠互利(idiom), hù huì hù lì

双方在合作中都能获得利益。Mutual benefit.

11. 一举多得(idiom), yī jǔ duō dé

做一件事得到多方面的好处。Achieve many things at one stroke.

12. 金字招牌(idiom), jīn zì zhāo pái

过硬的信誉。A gilded signboard; Excellent reputation.

13. 胡雪岩(proper noun), hú xuě yán

本名胡光墉(1823—1885)，字雪岩，晚清徽商，官居二品，被后人称为"红顶商人""亚商圣"。"红顶商人"指他在经商时，也在政府机构任职；"亚商圣"是说他经商能力很强，仅在"商圣"范蠡之下。他精于商战谋略，善于把做人之道与经商之道相融合。Hu Xueyan.

14. 胡庆余堂(proper noun), hú qìng yú táng

"胡庆余堂"即"胡庆余堂国药号"，由胡雪岩于1874年在杭州创建。"堂"指专为从事某种活动的场所。"号"(hào)意思是商店，旧时常用"堂""号""行"等字作商店名的后缀。Hu Qingyu Chinese Pharmacy.

语言点学习（Grammar or Vocabulary Learning）

1. 为……称道

原文：晚清商人胡雪岩有超出平常人的经商处世智慧，为世人称道。

用法："为……称道"用于句中所说的对象或事例被称述、称赞。例如：

(1) 阿里巴巴的经营管理模式很有特色，这一方面也为不少跨国公司称道。

(2) 北京有一些特色美食，其中北京烤鸭广为游客称道。

(3) 中国有不少特产，茶叶、瓷器、丝绸常为外国游客称道。

2. 为……打下(了)根基

原文：在得到粮行老板同意后，胡雪岩才决定跟着客商去浙江发展，这为他以后的商业发展打下了根基。

用法："为……打下(了)根基"用在句子后面，陈述句子前面的内容，即前面的工作为后面的发展打好了基础。例如：

(1) 学好专业知识，可为以后职业发展打下根基。

(2) 在中国的留学经历为他之后在中国的研究事业打下了根基。

(3) 去年的紧缩货币政策为今年的债券牛市打下了根基。

3. 反而使得

原文：果然，其他药店卖的"便宜次药"效果不好，反而使得更多人涌去"胡庆余堂"买药。

用法："反而使得"表示在上文提到的情况下，通常应产生某种结果，可是实际上产生了相反的结果，出乎预料。例如：

(1) 经济不景气促使科技公司研究人员把目光转向高校，反而使得大学的人才库得到了扩充。

(2) 当资本和科技的手段被用到极致时，经济运行的自然生态平衡就会被打破，反而使得运行的环境变得越来越恶劣。

(3) 他本想安慰她，没想到反而使得她更伤心了。

4. 果然

原文：果然，其他药店卖的"便宜次药"效果不好，反而使得更多人涌去"胡庆余堂"买药。

用法："果然"是副词，放在句子或动词性词语的前面，表示事实与所说或所料相符。例如：

(1) 天气预报说今天要下雪，果然现在窗外飘起了雪花。

(2) 人们都说"桂林山水甲天下",到桂林一看,果然名不虚传。

(3) 那么冷的天他只穿一件衣服,果然第二天就感冒了。

5. 说不定

原文： 我们帮别人做了一些事,别人会记在心里,说不定以后就给我们带来发展的机遇。

用法： "说不定"是副词,表示可能性很大。放在动词或动词性词语前面,也可以放在句子前面或后面。例如：

(1) 遇到问题要多动脑筋思考,说不定就有解决办法了。

(2) 说不定他们已经到学校/车站/机场了。

(3) 虽然他们错过了这一景点,但他们或许会有别的收获也说不定。

综合练习（Comprehensive Exercises）

一、根据课文内容回答问题(answer questions according to the text)

1. 胡雪岩为什么被称为"亚商圣"?

2. 胡雪岩为什么要给陌生人打伞?金华火腿行客商是如何感谢胡雪岩的?

3. 胡雪岩通过什么办法成功地开拓了金华一带的客源?为什么说他那样做是一举多得、互惠互利的?

4. 胡雪岩是如何求助于医者人才的?他又是如何对待别人献来的药方的?

5. 胡雪岩是如何应对别的药店的"价格战"的?结果怎么样?

二、课堂讨论题(questions for discussion)

1. 你对胡雪岩打伞、照顾外地客商这些行为有什么看法?谈谈你对"吃小亏,积大福"这个观念的理解。

2. 胡雪岩开拓金华一带客源的做法,对企业经营者有哪些启示?

3. 现代商业竞争中也常常打"价格战"。你是怎么看待胡雪岩与其他药商的这场"价格战"的?从中可以得到什么启发?

4. 你们国家历史上有像胡雪岩这样著名的"红顶商人"吗?介绍几个你认为有意义的相关故事。

三、词语搭配(collocation of words)

例：验证（验证-身份/数据）（密码/证件-验证）

涌（涌进-超市/会场）（泉水/地下水-涌出）

店(食品/酒-店)

1. 职场(　　)(　　)　　2. (　　)行(经营某类物品的商店名后缀)
3. 经商(　　)(　　)　　4. 称道(　　)(　　)
5. 谨慎(　　)(　　)　　6. 次(　　)(　　)
7. 客源(　　)(　　)　　8. 丝毫(　　)(　　)
9. 义建(　　)(　　)　　10. 保障(　　)(　　)

四、模仿例句，用给定的词语或结构造句(make sentences with given words or structures after examples)

1. **例句**：浙江杭州有山有水，城市美景广为游客称道。

   为……称道：＿＿＿＿＿＿＿＿＿＿＿＿＿＿＿＿＿＿＿＿＿＿＿。

2. **例句**：创建智慧校园，为数字化教学打下了根基。

   为……打下(了)根基：＿＿＿＿＿＿＿＿＿＿＿＿＿＿＿＿＿＿＿＿。

3. **例句**：超市的营销方式要合适、得体，不合适的方式反而使得顾客远离促销商品。

   反而使得：＿＿＿＿＿＿＿＿＿＿＿＿＿＿＿＿＿＿＿＿＿＿＿＿＿。

4. **例句**：他说他会来的，果然来了。

   果然：＿＿＿＿＿＿＿＿＿＿＿＿＿＿＿＿＿＿＿＿＿＿＿＿＿＿＿。

5. **说不定**：他时刻提醒自己再坚持一下，说不定就成功了。

   说不定：＿＿＿＿＿＿＿＿＿＿＿＿＿＿＿＿＿＿＿＿＿＿＿＿＿。

6. **例句**：关于牛顿，最有名的是他对万有引力的描述。

   关于……：＿＿＿＿＿＿＿＿＿＿＿＿＿＿＿＿＿＿＿＿＿＿＿＿。

7. **例句**：胡雪岩让手下人去了解为什么从金华那边来的顾客少，结果发现，那一带人来杭州时陆地交通不便。

   结果发现：＿＿＿＿＿＿＿＿＿＿＿＿＿＿＿＿＿＿＿＿＿＿＿＿。

五、口头表达(speaking practice)

根据课文内容，说一说胡雪岩从一个粮行小伙计成长为"胡庆余堂"老板的过程。在讲述过程中尽量使用以下词语：

　　白手起家　　小伙计　　学徒　　吃小亏，积大福　　互惠互利

六、写作(writing)

写一篇300字左右的短文，说一说胡雪岩经商处世智慧给你的启发。

延伸阅读材料（Extended Reading）

百年老字号"胡庆余堂"的新发展

"胡庆余堂"即"胡庆余堂国药号"，1874年（清同治十三年）由清朝"红顶商人"胡雪岩在杭州创建。它是中国现存历史悠久的传统中药企业之一，享有"江南药王"美称。

翻开"胡庆余堂"的历史，这个百年老字号能成为全国重点中药企业，得益于其经营谋略和严谨的内部管理。创业之初，胡雪岩在营业大厅门楣刻上"是乃仁术"四个大字。"胡庆余堂"大厅内高悬"真不二价"金字匾额。尤能使胡庆余人鉴心明意的是，现仍挂在店堂内侧高3米、宽0.9米的"戒欺"横匾，上面写着："凡百贸易均着不得欺字，药业关系性命，尤为万不可欺……采办务真，修制务精……"这些都寄托了"胡庆余堂"的职业道德和"胡庆余人"对质量的执着追求。当年，胡雪岩为保证急救药品"柴雪丹"的质量而特制的金铲银锅，现在仍保存完好，成为见证中医药行业发展历史的珍宝。

"胡庆余堂"的制药技艺非常独特，保存了一批民间的古方、秘方，还有一群身怀绝技的老药工，这些都是社会的巨大财富。在市场经济的大潮中，百年老字号"胡庆余堂"坚持改革，不断创新，出现了巨大的变化。以名牌产品胃复春片为龙头的一大批高新技术药品，诸如庆余救心丸、障翳散、小儿泄泻停颗粒、金果饮咽喉片等，在继承中医药理论基础上脱颖而出。生产中应用新设备、新仪器，还实施了GMP认证，这些举措使药品质量有了更可靠的保证。

1996年，"胡庆余堂"搬迁至杭州余杭经济技术开发区。在新厂区，按GMP建造的厂区路平景美，楼内员工紧张有序地作业，一派欣欣向荣的景象。原来的老厂区古建筑群已建为国内首家中药博物馆，是全国重点文物保护单位，丰富的中药文化内涵吸引了海内外大量游客。

1999年，"胡庆余堂"改制成杭州胡庆余堂药业有限公司。新的机制，新的观念，使得"胡庆余堂"在新世纪实现了新的发展。

注： 以上延伸阅读材料主要根据胡庆余堂官网信息（https：//www.hqyt.com/about.html）、百度百科"杭州胡庆余堂国药号"（https：//baike.baidu.com/item/杭州胡庆余堂国药号/8390299?fr=aladdin）等改写而成。

阅读上述材料，完成下列题目（read the passage and do the following exercises）：
1. 简要介绍"胡庆余堂"的发展历史。

2. "是乃仁术"和"真不二价"分别是什么意思?

3. 文中有哪些内容说明了"胡庆余堂"的职业道德和"胡庆余人"对质量的执着追求?

4. "胡庆余堂"的制药技艺有什么特点?

5. "胡庆余堂"在市场经济的大潮中出现了哪些变化?

第五课　如何让顾客购买商品

案例背景（Background）

在商品销售中，销售人员应该了解顾客的购买目的。顾客购货时，通常会考虑商品功能、质量、价格等因素。销售人员也应该掌握所售商品的信息，以便准确地介绍商品，及时解答顾客的各种疑问，从而促进销售。

课文为编者根据多种材料撰写而成。

课文（Text）

父亲节前，李大强打算给他父亲购买保健品。在回家的路上，有四家药店都供应保健品，种类和价格也没有太大的差别。他在第三家药店买了一种保健品，在第四家药店却买了两种保健品。我们看看他在购买保健品的过程中究竟发生了什么。

步行到第一家药店时，李大强走了进去。他顺着货架逛了一圈，各种各样的保健品让人眼花缭乱。他不知道买哪种好，于是问一位站在附近的年轻男店员："你们这里哪种保健品适合老年人？"这位店员没有准备，被问得措手不及，随便指了一款包装精美的保健品说："这款产品是最近新到的，卖得还不错，顾客反响挺好，服用后的效果应该还可以。"听了这名男店员的回答，他嘴里敷衍了两句，两手空空地走了出来。

继续往前走，李大强来到了第二家药店。进店逛了一圈后，他指着一款产品问一名中年男店员："这种保健品怎么样？"这位男店员回答："这种保健品能补充多种维生素，服用后效果特别好，强身健体。"听了店员的话，他摇摇头，默默地走了出来。

李大强来到了第三家药店。刚到门口，一位年轻女店员就主动迎了上来："先生您好！您要买点什么？我们店里药品、保健品种类齐全，您进来看看。"他回答道："我想买一种可以给老年人补钙的保健品，你能推荐一下吗？"这位店员转身从货架上拿出一盒保健品，说："那您就买这一种好了，这个牌子的产品就是专门补钙的，特别适合老年人。请问您要几盒?"他犹豫了一下:"那就先买一盒吧。"付完钱,他拿着保健品走出了药店。

出来之后,李大强看到了街对面也有一家药店,便走过了马路,拐了进去。他问一位中年女店员:"你们店里都有哪些种类的保健品?"女店员说:"我们店里的保健品种类很齐全,请问您要哪一种功效的?"他回答:"我要可以补钙的那种。"这位女店员又问:"您是给谁买呢? 不同年龄和身体状况,需要的补钙产品是不同的。"李大强回答说:"我父亲的腰、腿不太好,骨质疏松要多补钙。"女店员说:"您真是孝顺,老人家有您这样的儿子一定很幸福呀! 几个星期前,附近有一位顾客给他母亲买保健品,也是补充钙质的,您猜怎么着? 没过多久,这位顾客又来买了好几盒。他告诉我,他母亲吃了这种保健品后效果特别好,还介绍其他顾客过来。再说,这是国内著名药厂生产的,价格也相当实惠。您想要几盒?"李大强被中年女店员说得高兴了:"我先买两盒吧。"接着,这位女店员又给他介绍了与补钙配着服用的维生素D,并说父亲节前同时购买钙片和维生素D,有八折优惠。李大强被说得动了心,就又买了两盒维生素D,满意地走出了这家药店。

课前预习题(Pre-reading Tasks)

1. 什么是保健品? 它有什么功效?
2. 为家人挑选礼物时,你重点考虑哪些因素?
3. 在商店里买东西时,你喜欢店员为你提供哪些服务?
4. 了解"孝顺"的含义。

生词和词语表达(New Words and Expressions)

一、生词(new words)

课文中的生词

生词及词性	拼音	汉语解释	英语翻译
解答 v.	jiě dá	解释、回答(问题)	explain and answer
保健品 n.	bǎo jiàn pǐn	有保护和增进健康作用的食品,保健(功能)食品的通俗说法	health care products

续　表

生词及词性	拼　音	汉语解释	英语翻译
供应 v.	gōng yìng	提供所需(物资)	supply; accommodate
究竟 adv.	jiū jìng	到底,毕竟	exactly; on earth
逛 v.	guàng	闲游,外出散步	stroll
反响 n.	fǎn xiǎng	公众的反应、回响	reaction; feedback
敷衍 v.	fū yǎn	办事不认真或待人不诚恳,只是表面应付	be perfunctory; do sth. half-heartedly
维生素 n.	wéi shēng sù	生物体所需的微量营养成分,一般从食物中取得	vitamin
服用 v.	fú yòng	口服(药物、补品等)	take (medicine)
钙 n.	gài	生物体的重要组成元素,动物的骨骼等含碳酸钙	calcium
推荐 v.	tuī jiàn	介绍好的人或事,希望被任用或接受	recommend
拐(弯) v.	guǎi (wān)	(走路时)转变方向	turn a corner, change direction
功效 n.	gōng xiào	功能,效果	effect; efficiency
孝顺 adj.	xiào shùn	尽心侍奉父母,顺从他们的意愿	show filial obedience; filial piety
老人家 n.	lǎo ren jia	对人称自己的或对方的父亲或母亲;尊称年老的人	polite term for elderly people
怎么着 pro.	zěn me zhe	询问动作或情况	guess what; how
实惠 adj.	shí huì	有实际好处的	affordable
配 v.	pèi	按一定标准、比例来调和或拼合	be taken with; mix; blend
优惠 n.	yōu huì	比一般优厚,给好处;价格便宜	discount

二、短语和习语(phrases and idioms)

1. 骨质疏松(phrase), gǔ zhì shū sōng

由多种因素引发的骨病,主要特征为骨密度和骨质量下降,易发生骨折。Osteoporosis.

2. 眼花缭乱(idiom), yǎn huā liáo luàn

眼睛看到复杂纷繁的东西而感到迷乱。Be dazzled.

3. 措手不及(idiom), cuò shǒu bù jí

来不及处理或应付。Caught unprepared.

语言点学习(Grammar or Vocabulary Learning)

1. ……刚……,就……

原文:刚到门口,一名年轻女店员就主动迎了上来……

用法:"刚"用在复句的前一分句中,后一分句中用"就"字呼应,陈述紧接着的两件事。例如:

(1)她刚踏进教室,上课铃就响了。

(2)劳累了一天之后,他刚上床睡觉,电话铃就响了。

(3)我刚准备出门旅行,就被突如其来的暴雨打乱了行程。

2. 怎么着

原文:几个星期前,附近有一位顾客给他母亲买保健品,也是补充钙质的,您猜怎么着?没过多久,这位顾客又来买了好几盒。

用法:"怎么着"是疑问代词,常用于询问动作或情况。这种询问有时是自问自答,表示出乎意料;也有非疑问用法,泛指动作或情况。例如:

(1)我们都报名参加运动会了,你打算怎么着?

(2)昨天她第一次参加这种比赛,你猜怎么着?竟然赢了一张迪士尼门票!

(3)一个人不能想怎么着就怎么着。

3. 究竟

原文:我们看看他在购买保健品的过程中究竟发生了什么。

用法:"究竟"是副词,意思类似"到底、毕竟";也可以用在问句中,表示追究。例如:

(1)我们现在分析分析,这件事究竟应该怎么办。

(2)究竟参加哪个课外活动小组,我还得想一想。

(3)你究竟答应不答应?

4. 再说

原文:再说,这是国内著名药厂生产的,价格也相当实惠。

用法:"再说"是连词,表示推进一层,放在句子前面;也可以用作动词,表示留待以后办理或考虑,放在句子后面。例如:

(1) 现在去约他已经来不及了,再说他也不一定有时间。

(2) 现在时间太晚了,不方便找他了,再说他也不一定在家。

(3) 这件事比较复杂,先搁一搁,过一段时间再说。

综合练习(Comprehensive Exercises)

一、根据课文内容回答问题(answer questions according to the text)

1. 李大强为什么要去药店?
2. 李大强在第一、二家药店买东西了吗?为什么?
3. 李大强在第三家药店买到保健品了吗?他满意吗?
4. 李大强在第四家药店买了些什么?他满意吗?

二、课堂讨论题(questions for discussion)

1. 李大强为什么不愿意在第一、二家药店买东西?与前两家药店店员的服务相比,第三家药店店员的成功之处是什么?
2. 第四家药店店员向李大强推销商品时使用了哪些方法?
3. 你认为一位优秀的店员应该具备哪些素质?
4. 你对服用保健品的态度如何?相信它的功效吗?
5. 你们国家有与"孝顺"有关的观念吗?与中国的孝顺文化有什么不同?

三、词语搭配(collocation of words)

例:解答(解答-问题/困惑,解答-不容易/有困难)(给顾客/给游客-解答)

　　孝顺(孝顺-adj.儿子/女儿)(孝顺-v.父母/长辈)(很/不-孝顺)

　　者(管理/经营-者)

1. (　　　)品(物品名词的后缀)
2. 逛(　　　)(　　　)
3. 供应(　　　)(　　　)
4. (　　　)架(家具名词的后缀)
5. 反响(　　　)(　　　)
6. 敷衍(　　　)(　　　)
7. 推荐(　　　)(　　　)
8. 服用(　　　)(　　　)
9. 功效(　　　)(　　　)
10. (　　　)节(节日名词的后缀)

四、模仿例句,用给定的词语或结构造句(make sentences with given words or structures after examples)

1. 例句:我刚答完最后一题,考试结束铃声就响了。

……刚……,就……：_____。

2. 例句：前不久他参加了汉字听写大赛,你猜怎么着？他竟然获得了一等奖！

怎么着：_____。

3. 例句：这究竟是怎么回事,在场的观众竟然没有一个人知道。

究竟：_____。

4. 例句：太迟了,车票已经卖光了。再说,现在又有新任务了,即使买到票也不一定有时间去了。

再说：_____。

5. 例句：他顺着商场外层货架逛了一圈,各种各样的过节礼品让他眼花缭乱。

顺着……逛了一圈：_____。

五、口头表达（speaking practice）

1. 两两一组,分别模拟李大强到四家药店购物的经历。注意,要表现出店员推销失败或成功的原因。尽量使用以下词语：

保健品　种类　功效　推荐　补充　营养

2. 两两一组,模拟李大强回到家里,把所购买的礼物送给父亲时可能产生的对话。尽量使用以下词语：

服用　反响　效果　实惠　优惠

六、写作（writing）

假如你是销售主管,要对药店店员进行保健品销售技巧培训,以提高工作业绩。请你列出培训的重点内容,300字左右。

延伸阅读材料（Extended Reading）

买东西背后的心理因素

你有没有这样的体验？出门逛街想好不买东西,结果还是买了自己本没打算买的东西。买奶茶本来想要中杯,老板说加1元钱就能换成大杯。你一想,只多一点点钱就能有更多的奶茶,于是同意了。为什么我们控制不住自己掏钱的手呢？其实,这背后都是购物心理在起作用。

诱饵效应

如果货架上有两件商品,一件质量看上去明显比另一件质量差,价格却差不多,你会买哪件呢？毫无疑问，你会买质量看上去好的那件。这个时候，你甚至都不会考虑市场价是多少。这两件商品摆在一起，其实就是商家为了推销质量看起来更好的那件商品。

类似的还有赠品法。两款差不多的商品，价格也相当，一款有赠品，另一款没有赠品，一般人肯定会选择有赠品的那款。

还有一种方法就是加钱送赠品或升级产品。假如商家告诉顾客，多加一点点钱就能换到一个看起来挺有价值的东西，这时候大多数顾客愿意多花一点钱。

诱饵效应在引导消费上应用普遍，它利用的就是人们"赚到了"的心理：同样的价格买了质量更好的东西，赚到了；多花一点小钱就得到了看起来很有价值的东西，也赚到了。至于是否真的赚到了，那并不重要，关键是让人产生"赚到了"的感觉。

降位标价法

商品标价的数字位数越多、数值越大，人们感觉就越贵。

有一个这样的实验，商家把商品的标价从 1 000 元改为 999 元，结果这个商品的销售量上升了 15%。不过是少了 1 元钱，因为数字位数下降了，人们就感觉便宜了。

因此，我们在商场里经常会看到标价为 99 元或 999 元之类的商品。这并不是商家偏爱 9 这个数字，而是这样标价会让消费者感觉到"便宜"。

这里的"便宜"，不一定是价格最便宜，但一定是让消费者心理上感觉自己占到了便宜。一般来说，当我们看到一家店铺宣传，消费达到多少金额就可以减免费用、买多少送多少等活动时，总会想着要凑到活动金额，这就是"占便宜"的心理在作祟。正是"占便宜"心理，使上述商家的诱饵销售产生了效果。

制造稀缺气氛

有人看电商直播，买了好几件衣服。有些衣服其实不是非买不可，但是主播玩了个小伎俩，观众顾客就忍不住下单了，还生怕买不到。

主播是怎么做的呢？她会不定时地推出限时秒杀价，这个价格比商品标价要低很多，有时候可能只有五折。主播会先问直播间的观众，有没有人想要这个商品？有的话就输入"—1"。然后她会说："现在我们有一个秒杀价，是给关注我们的粉丝的福利，只有 50 件，想要的赶紧去拍。"价格很低，数量有限，一下子给人一种"抢到就是赚到"的感觉。这时候，理智被抛到脑后，观众顾客只想赶紧下单，生怕出现"手慢无"状况——被抢光了。

常见的类似促销还有电商的限时抢购。那也是一样的道理，就是制造稀缺气氛，利用稀缺、难买的"感觉"让消费者控制不住下单的欲望。

注：以上延伸阅读材料主要根据《买东西背后的心理学：是什么让你管不住钱包，不知不觉多花了钱？》(https://baijiahao.baidu.com/s?id＝170068913109522

6142&wfr=spider&for=pc)改写而成。

阅读上述材料,完成下列题目(read the passage and do the following exercises):

1. 文中从哪些方面介绍了顾客的购物心理?你同意文中的观点吗?
2. 什么是诱饵效应?
3. 什么是降位标价法?
4. 店家为什么要制造稀缺气氛?
5. 关于购物心理,你还知道哪些内容?

第六课　老品牌赢在新营销

案例背景（Background）

老字号品牌指的是那些有着悠久历史的国内品牌。这些品牌有着精益求精的品质和长期积累的口碑，经历了社会转型时期的起伏，已经成了消费者心目中的代表性品牌。但是在当代不断变化的市场中，如何拓展新的市场、吸引新的消费者，成了老字号品牌在营销策略上的重要课题。

课文主要根据《浅析老品牌赢在新营销中常用的延续品牌活力的几种方式》（https://zhuanlan.zhihu.com/p/192980666）改写而成。

课文（Text）

随着生活水平的不断提高，人们的消费方式和兴趣爱好也在改变。有的品牌可能还是那个品牌，但对不同的消费者来说，其实它已经变了。老品牌在新时代营销中，有的在迎合前进，有的在变道前行，有的新招不断。

娃哈哈跨界彩妆——你足够出色

娃哈哈集团自1987年创立至今，已经是中国最大、世界第五的食品饮料生产企业。提到"娃哈哈"，可能好多人的印象中还是某歌手代言的瓶装饮用水，始终如一，多年未变。

2019年底，娃哈哈跨界推出以营养快线"你足够出色"为主题的焕新包装，一起上线的还有娃哈哈惊喜跨界彩妆盘。为了配合产品上线，娃哈哈还推出了一个短片。面对"不够新潮""不够特别""不够完美""不够强大"的困扰，短片用个性化的态度积极回应，告诉每个年轻人——你足够出色。

跨界经营已经是一些品牌常用的套路。大白兔、六神等老品牌都在跨界的路上乐此不疲，每一次跨界尝试也都会获得一波新的关注。跨界经营看似在做一些无用且浪费钱的事情,但是消费者看得过瘾、玩得开心,愿意为品牌支付、点赞、转发,何乐而不为呢?如果品牌已经有一定的知名度,在营销上有尝试的意愿,那么有趣的跨界经营就可以多做一些。

联名营销——高颜值的故宫联名银行卡

故宫这个"老家伙"在新的营销时代,好像换了一个"人"。继在美妆、家用、服装等周边产品应用之后,其又联合银行推出了故宫版本银行卡。

故宫联合民生银行,推出涵盖十二美人图、龙袍等具有故宫特征的银行卡。卡面上的文字和人物的动作形象、生动,上线不久便有众多用户申办,用户收到银行卡后还纷纷晒照宣传。他们好像拿到的不是一张可以消费用的银行卡,而是一份故宫典藏品。这一波联名营销,银行和故宫双赢。

出奇营销——旺旺民族罐和芬达味可乐

在消费者对各种营销套路都轻松闪避的时代,许多品牌纷纷推出各种新奇的营销策略。"六一"国际儿童节之前,旺仔牛奶推出了旺旺56个民族罐。

无独有偶,为鼓励多元化价值观,世界著名饮料巨头在巴西推出特殊灌装的"可口可乐"。包装采用可口可乐样式,里面灌装的却是芬达。仿佛这是一罐走错片场的饮料,实际上却是特意采用的新奇营销策略。它有效地激发了消费者的好奇心,从而极大地促进了销售。

课前预习题(Pre-reading Tasks)

1. 你听说过哪些中华老字号?对它们的印象怎么样?
2. 如果你去过故宫,是否买过跟故宫有关的商品?介绍其中你最感兴趣的一种。

生词和词语表达(New Words and Expressions)

一、生词(new words)

课文中的生词

生词及词性	拼音	汉语解释	英语翻译
老字号 n.	lǎo zì hao	开设年代久的商店	store or brand with a long-established reputation

续 表

生词及词性	拼 音	汉语解释	英语翻译
悠久 adj.	yōu jiǔ	年代久远的	long-standing
转型 v.	zhuǎn xíng	社会经济结构等发生转变	(of a socioeconomic structure, etc.) transform; restructure
心目 n.	xīn mù	内心或视觉方面的感受	mind; view
起伏 n.	qǐ fú	比喻(情绪、关系等)不稳定	ups and downs
拓展 v.	tuò zhǎn	开拓、发展	expand
迎合 v.	yíng hé	有意使自己的言行适合别人的心意	cater to
代言 v.	dài yán	代表某集团、商品等发表言论，或做宣传	speak in behalf of; represent
饮用水 n.	yǐn yòng shuǐ	喝的和做饭用的水	drinking water
焕新 adj.	huàn xīn	成语"焕然一新"的缩略词，形容呈现非常新的面貌	look completely new; brand new
上线 v.	shàng xiàn	接入互联网运营	go online; be online
新潮 adj.	xīn cháo	符合事物发展新趋势的	trendy; modern
困扰 v.	kùn rǎo	使处于困境而难以摆脱	trouble; disturb
套路 n.	tào lù	成系统的技术、方式、方法等	routine; method; trick
过瘾 adj.	guò yǐn	癖好或爱好得到满足	immensely enjoyable; satisfying
看似 v.	kàn sì	从表面看好像	seem
联名 v.	lián míng	(若干人或团体)共同具名	jointly sign
颜值 n.	yán zhí	评价人容貌的数值	facial attractiveness
家伙 n.	jiā huo	文中比喻人(含戏谑意)	guy
家用 adj.	jiā yòng	家庭日常使用的	household
周边 n.	zhōu biān	周围、附近，相关的东西	related; peripheral
版本 n.	bǎn běn	比喻同一事物的不同表现形式或不同说法	version
涵盖 v.	hán gài	包括，包含，覆盖	cover; contain

续 表

生词及词性	拼 音	汉语解释	英语翻译
美人 n.	měi rén	美貌的女子	beauty
卡片 n.	kǎ piàn	记录各种事项以便检查、参考的纸片	card
申办 v.	shēn bàn	申请办理或举办	bid；apply for
晒 v.	shài	多指在互联网上展示自己的信息，供大家分享	expose and share on the web
典藏 v.	diǎn cáng	（博物馆等）收藏（贵重的物品）	collection for cultural significance or value
双赢 n.	shuāng yíng	竞争或合作的双方都能获得利益	win-win
闪避 v.	shǎn bì	迅速侧转身子向旁边躲避	dodge
新奇 adj.	xīn qí	新鲜而特别	novel
多元化 adj.	duō yuán huà	多样的；与"一元化"相对	pluralistic；diversified
价值观 n.	jià zhí guān	对经济、政治、道德等的总看法	value
巨头 n.	jù tóu	政治、经济方面有强大实力，能左右局势的人或公司	magnate；giant
样式 n.	yàng shì	式样，形式	style，form
灌装 v.	guàn zhuāng	把液体、气体、粉末、颗粒等装入容器里	fill（a bottle）
片场 n.	piàn chǎng	拍摄电影、电视片的现场	filming site
激发 v.	jī fā	刺激使奋发	stimulate；excite

二、短语、习语和专有名词(phrases, idioms and proper nouns)

1. 彩妆盘(phrase), cǎi zhuāng pán

装着彩妆材料的盒子。"彩妆"是指涂敷于脸面及指甲等部位，利用色彩的变化，赋予皮肤色彩；加强眼、鼻部位的阴影，以增强立体感，使之更具有魅力。Makeup palette.

2. 好奇心(phrase), hào qí xīn

对自己不了解的事物觉得新奇，从而感兴趣的心理。Curiosity.

3. **精益求精**(idiom), jīng yì qiú jīng

已经很好了,还要更加完美。Refine on (upon); constantly improve.

4. **始终如一**(idiom), shǐ zhōng rú yī

从开始到结束都一样。Be consistent from beginning to end; unswerving from start to finish.

5. **乐此不疲**(idiom), lè cǐ bù pí

喜欢做某种事情而不知疲倦,形容对某事极其爱好,十分投入。To enjoy sth. and never get tired of it.

6. **何乐而不为**(idiom), hé lè ér bù wéi

用反问语气表示很值得做,或很愿意做。Why not enjoy doing it.

7. **营养快线**(proper noun), yíng yǎng kuài xiàn

娃哈哈公司生产的一种饮料。Nutrition Express.

8. **娃哈哈**(proper noun), wá hā hā

娃哈哈集团,1987年创立于中国杭州,中国著名的食品饮料生产企业。Hangzhou Wahaha Group.

9. **大白兔**(proper noun), dà bái tù

中国上海生产的一种奶糖。White Rabbit (Creamy Candy).

10. **六神**(proper noun), liù shén

中国上海生产的一种花露水。Liushen (toilet water).

11. **故宫**(proper noun), gù gōng

北京故宫,中国明清两代的皇家宫殿,旧称紫禁城。Gugong (the Imperial Palace).

12. **民生银行**(proper noun), mín shēng yín háng

中国民生银行,中国大陆第一家由民间资本设立的全国性商业银行,成立于1996年。China Minsheng Banking Corp., Ltd.

13. **旺旺**(proper noun), wàng wàng

总部位于中国上海的著名食品生产企业(Want Want Group)生产的同名产品。Want Want.

14. **可口可乐**(proper noun), kě kǒu kě lè

总部位于美国亚特兰大的世界著名饮料企业可口可乐公司生产的同名汽水。Coca-Cola.

15. **芬达**(proper noun), fēn dá

总部位于美国亚特兰大的世界著名饮料企业可口可乐公司生产的水果味汽水。Fanta.

语言点学习（Grammar or Vocabulary Learning）

1. 有的……，有的……，有的……

原文：老品牌在新时代营销中，有的在迎合前进，有的在变道前行，有的新招不断。

用法："有的"是指示代词，意即人或事物中的一部分，多重复使用。有时，最后一个"有的"前有副词"还"，表示在某种程度上有所增加或在某个范围之外有所补充。例如：

（1）操场上的人真多，有的在打球，有的在跳高，有的在跑步。

（2）商场化妆品专柜中的商品琳琅满目，有的是润肤的，有的是补水的，还有的是祛痘的。

（3）人的饮食习惯各不相同，有的喜欢吃甜的，有的喜欢吃辣的，还有的喜欢吃酸的。

2. 面对……困扰

原文：面对"不够新潮""不够特别""不够完美""不够强大"的困扰，短片用个性化的态度积极回应，告诉每个年轻人——你足够出色。

用法："面对……困扰"表示面对难以摆脱的困境，用于陈述一件事的背景。例如：

（1）面对汉语声调学习上的困扰，她先请教老师，再跟同学交流，学习效果明显改善了。

（2）面对股市投资上的困扰，他虚心请教知名专家和资深股民，从股市里获得的收益有所增加。

（3）面对微商经营上的困扰，她请教了电子商务领域有实践经验的专家，经营状况逐步好转。

3. 仿佛(这)是……，实际上(却)是……

原文：仿佛这是一罐走错片场的饮料，实际上却是特意采用的新奇营销策略。

用法："仿佛(这)是……，实际上(却)是……"引导表示转折和对比的复句，后半部分是表述的重点。例如：

（1）他面带笑容，不停地点头，仿佛是同意这一单交易，实际上却是他对这单买卖感兴趣，在认真听着合作伙伴的介绍。

（2）"酱香拿铁"，牛奶咖啡里含有白酒味道，仿佛这是一杯走错片场的咖啡饮料，实际上却是瑞幸咖啡特意采用的新奇营销策略。

（3）不一会儿，天空中飘来了一些乌云，仿佛这是几条灰色的长龙，实际上却是一股股急速翻腾的云浪。

4. 何乐而不为(呢)

原文：跨界经营看似在做一些无用且浪费钱的事情，但是消费者看得过瘾、玩得开心，愿意为品牌支付、点赞、转发、分享，何乐而不为呢？

用法："何乐而不为(呢)"是习语，用反问的语气陈述前面的相关内容，表示很可以(值得)做，或很愿意做。例如：

（1）储蓄对国家和个人都有好处，何乐而不为呢？

（2）少用一只塑料袋，少扔一包垃圾，少砍一棵树，这些都能使我们的环境变得越来越好，何乐而不为呢？

（3）在别人遇到困难时去帮助他，既帮助了他人，又实现了自己的社会价值，何乐而不为呢？

5. 无独有偶

原文：无独有偶，为鼓励多元化价值观，世界著名饮料巨头在巴西推出特殊灌装的"可口可乐"。

用法："无独有偶"的意思为虽然罕见，但不只是一个，还有一个可以成对的。例如：

（1）无独有偶，我们公司也有一个人被骗，经过跟你说的几乎一模一样。

（2）对面的公司上个月宣布裁员，无独有偶，我们公司这个月也宣布减员缩编。

（3）无独有偶，宝马和西门子也正在合作开发电动汽车专用感应充电站。

综合练习（Comprehensive Exercises）

一、根据课文内容回答问题(answer questions according to the text)

1. 什么是老字号？当前老字号面临的主要问题有哪些？
2. 娃哈哈是一家什么样的企业？2019年底，娃哈哈推出的跨界营销主题是什么？
3. 跨界营销有什么效果？
4. 故宫版本银行卡有什么特点？故宫联名营销策略取得了怎样的效果？
5. 旺旺为什么要推出民族罐？可口可乐为什么要推出芬达味可乐？

二、课堂讨论题(questions for discussion)

1. 在如今的市场中，老字号品牌应该如何发展？
2. 说说你对跨界营销方式的看法，介绍几个你认为成功的跨界营销例子。

3. 根据故宫的特点,请你设计几个联名营销方案。

4. 旺旺民族罐和芬达味可乐称得上出奇营销吗?你喜欢这样的出奇营销方式吗?为什么?

三、词语搭配(collocation of words)

例:**心目**(心目中的-英雄/好学生)(消费者的-心目中),后面常带"中"

代言(代言的-策略/方案,代言-要诚信/要守法)

(名模/明星-**代言**,为公司/新产品-**代言**)

1. 迎合(　　　)(　　　)　　2. 老字号(　　　)(　　　)
3. 版本(　　　)(　　　)　　4. 悠久(　　　)(　　　)
5. 转型(　　　)(　　　)　　6. 拓展(　　　)(　　　)
7. 套路(　　　)(　　　)　　8. 联名(　　　)(　　　)
9. 申办(　　　)(　　　)　　10. 激发(　　　)(　　　)

四、模仿例句,用给定的词语或结构造句(make sentences with given words or structures after examples)

1. **例句**:雪花各式各样,有的像鹅毛,有的像棉絮,还有的像蒲公英的种子。

有的……,有的……,(还)有的……:_____

_____。

2. **例句**:面对汉语量词学习上的困扰,她先请教老师,再和同学交流,学习效果明显改善了。

面对……困扰:_____。

3. **例句**:酒味冰淇淋,冰淇淋里有白酒味道,仿佛这是一种走错片场的冷饮,实际上却是冷饮商家采用的新奇营销策略。

仿佛(这)是……,实际上(却)是……:_____

_____。

4. **例句**:做这件事是举手之劳,它对别人也有价值,何乐而不为呢?

何乐而不为呢:_____?

5. **例句**:无独有偶,三星堆遗址也是一位农民最先发现的,类似于河姆渡遗址被发现的情形。

无独有偶:_____。

6. **例句**:一提到北京美食,游客首先想到的是可口的北京烤鸭。

一提到……:_____。

五、口头表达（speaking practice）

根据课文内容，介绍其中一种老字号品牌的营销策略，并对该策略进行点评。尽量使用以下词语：

老字号　困扰　消费者　创新　营销　策略　促销

六、写作（writing）

根据你感兴趣的某个品牌的特点，设计一个有创新特色的营销方案，300字左右。

延伸阅读材料（Extended Reading）

老字号请大家"薅羊毛"

"五五购物节"已经是上海的招牌营销活动，也是上海老字号与国内外游客拉近关系的好机会。自2020年起的每年5月5日前后，上海众多老字号争相为"五五购物节"准备各种活动。一些从来不打折的老字号主动邀请消费者"薅羊毛"，喜迎八方来客。以下是对2021年"五五购物节"上海重点商圈的扫描。

南京东路步行街上，在有151年历史的三阳南货店里，"五五折专柜"非常显眼。马蹄蛋糕、苔条梗、豆酥糖等特色产品全部五五折销售。该店负责人说，这是他们老字号第一次给出这么大的折扣力度。"食品企业利润本来就比较薄，老字号又一向薄利多销。但我们觉得'五五购物节'是展示上海老字号形象的好机会，所以宁可让利，也要明折明扣，邀请消费者试一试。"专柜还推出了最新上市的粽子，其中，八宝粽、黑毛猪肉粽等都是新口味。八宝粽颇有来头——受春节期间供不应求的三阳八宝饭启发而制作。三阳用了八宝饭同款糯米，再根据八宝饭配料调味，让不同节令的特色点心来一次跨界。

从三阳南货店往东走几步，169岁的邵万生的冰醉小龙虾成为老字号里的"逆生长"明星，罐装小龙虾线上线下同时热销。邵万生负责人说，冰醉小龙虾在2020年"五五购物节"亮相，当时反响就很好。如今趁势增加新口味，在冰醉的基础上，又增添了青花椒辣卤、十三香秘制和蒜香三种味道。"年轻人喜欢吃小龙虾，我们用小龙虾拉近与年轻人的距离，告诉他们'糟醉大王无所不糟'。"

淮海中路上的老字号百花齐放。靠近雁荡路的上海全国土特产食品商场门口，购买散装酱菜、酱料、酱油的消费者耐心地排队等候。这让很多外地游客觉得新鲜，"原来，上海还真有'打酱油'。"不过，更吸引他们的是临街依次排开的"上海特产"专柜：三阳的苔菜月饼、泰康的鲜肉月饼、乔家栅的糕团……还有难得一见的、用五谷杂粮做小料的特色奶茶。店经理说，这些专柜是商场专门调整布局的，选的都是老字号的明星产品，目的是充分展现货真价实的"上海特产"。

从土特产食品商场往西走几步，靠近茂名南路，颜色火红的"老字号国潮快闪店"也人气颇高。这里集中了淮海路商圈近20家老字号及特色品牌的招牌产品：老大昌的冰糕、红房子的西点、光明邨的熟食、上海药房的香囊、正章的洗护用品、天宝龙凤的首饰、星光摄影的器材……吃喝玩乐一网打尽。这些老字号还与瑞金二路街道"金咖联盟"合作，送出2 000杯"淮海红咖啡"，邀请市民和游客边喝咖啡边逛街。

快闪店里的"淮海路共享直播间"令市民和游客驻足。几天来，主持人、艺术家、作家等与带货达人轮番上场，讲述淮海路上的老字号情怀。直播时，线上观众和线下游客不断互动。有的热门产品，一上线就被秒空。

注：以上延伸阅读材料主要根据《从不打折的这些上海老字号主动请大家"薅羊毛"啦！》(https://www.thepaper.cn/newsDetail_forward_12536740)改写而成。

阅读上述材料，完成下列题目(read the passage and do the following exercises)：

1. 简要介绍"五五购物节"。
2. 说说你对老字号请大家"薅羊毛"的理解。
3. "明折明扣"是什么意思？
4. "糟醉大王无所不糟"是什么意思？
5. "上海特产"有哪些？

三、环保与法律

Part III　Environmental Protection and Law

第七课　消费者得实惠,商家不浪费

案例背景（Background）

中国农村农业部于1988年提出建设"菜篮子工程",以缓解国家副食品供应偏紧的矛盾。20世纪90年代中期之后,"菜篮子"产品数量持续增加,从根本上解决了副食品供应长期短缺的问题。除奶类和水果外,其他"菜篮子"产品人均占有量均已达到或超过世界人均水平。但是"菜篮子"产品如何更好地服务消费者,还需要在生产、销售等各个环节加强管理。

课文主要根据《商家晚上折扣销售,优惠了消费者减少了浪费》（https://baijiahao.baidu.com/s?id=1679117376808566182&wfr=spider%20&for=pc）改写而成。

课文（Text）

作为市民的"菜篮子",超市里生鲜商品种类十分丰富。如何在运输、销售过程中减少浪费,成为各大超市一道不可避免的"考题"。广州日报记者观察到,有超市根据食品有效期控制库存,用降价、促销等经济手段,加快了食品流通,减少了因过期而造成的浪费。

为了提高食品新鲜度和确保质量,华润万家对生鲜商品使用全程冷链物流,统一配送。门店根据历史销售数据、天气、节假日等情况进行精准订货,供应商36小时配送到店。对重点商品进行24小时库存跟踪,确保库存周转良好。严格根据保质期管理标准进行商品售卖管理。员工根据商品品质标准进行商品的质检及保质期排查工作,并及时进行商品的出清和报损。

最为成功的是生鲜商品晚市折扣活动。为了降低生鲜商品损耗,减少浪费,华润万家每家超市都会在晚上推出生鲜商品晚市折扣活动,生鲜散装叶类蔬菜、熟食类商品、加工的肉类和鱼类售价低至三折。记者在华润万家某店看到,超市挂出了"生鲜晚市开始打折啦"的招牌,相当诱人。招牌上写着"每日 20:00—20:59 七折,21:00—21:59 五折,22:00 之后三折"。这意味着时间越晚,商品价格越低。记者看到,20:00后,很多市民在挑选折扣商品。大家都为折扣优惠感到高兴,自然越买越多。由于价格非常实惠,因此很多时候还没有到 21:00,商品就会被抢购一空,没有任何浪费。对此,不少市民表示支持。晚市折扣既能使消费者享受到折扣上的优惠,又能减少商家剩货浪费,真好!

除了折扣销售外,还有超市通过赠品等促销方式,加快商品流通速度。这种做法既保持了商品新鲜度,也减少了存货浪费。广州友谊商店超市一直是很多市民逛街购物的首选。这里经常有"买一送一""买大送小"等优惠活动,常常使得商品价格成为全城最低的。有消费者发现该超市冰柜里的 250 克牛排贴上了"大特惠"的标签:198元,买一份就赠送一份价值约 120 元的牛排。这相当于原价六至七折优惠,难怪商品一上架就被迅速抢空。超市常客吴女士说,每次到超市淘到优惠商品,不仅荷包省了,吃得也新鲜。超市负责人表示,超市进货有严格的规定,包括货物储存温度、运输方式等。货物在有效期内能保证质量,这样就避免了商品未过期,却出现变质浪费的现象。同时,超市会根据商品保质期,采取不同形式的促销活动,以加快货物销售流通,保证货物在临期前销售完毕。

课前预习题（Pre-reading Tasks）

1. 你家附近超市里生鲜食品常有怎样的促销方式?
2. 哪些超市或商店有晚市折扣活动?买的人多吗?

生词和词语表达（New Words and Expressions）

一、生词(new words)

课文中的生词

生词及词性	拼音	汉语解释	英语翻译
缓解 v.	huǎn jiě	(使)矛盾缓和或紧张程度减轻	alleviate, relieve
短缺 v.	duǎn quē	缺乏,不足	be short of; lack
人均 v.	rén jūn	按每人平均计算	per capita

续　表

生词及词性	拼　音	汉语解释	英语翻译
有效期 n.	yǒu xiào qī	食品、药品等在规定条件下,其性能不变而有效的期限	expiration date; validity period
库存 n.	kù cún	库房里存放的现金或物资	stock
过期 v.	guò qī	超过规定或约定的期限	overdue
全程 n.	quán chéng	全部路程,全部过程	all the way; all processes
冷链 n.	lěng liàn	某些食品、药品的运输、贮藏等过程都在低温环境下,以防变质	cold chain
物流 n.	wù liú	产品从供应地到接收地的流动转移	logistics
配送 v.	pèi sòng	把货物按规格搭配,并负责运送	distribution and delivery
精准 adj.	jīng zhǔn	非常准确,精确	precise
跟踪 v.	gēn zōng	紧跟在后面(追赶、监视等)	track; follow
周转 v.	zhōu zhuǎn	文中指物品轮流使用	turnover
保质期 n.	bǎo zhì qī	产品在正常条件下可以保证质量、安全使用的期限	shelf life; sell-by date
出清 v.	chū qīng	将商品全部售出	clear; sell out
报损 v.	bào sǔn	发生非正常损失时,按规定对资产损失作财产权注销	report losses
折扣 n.	zhé kòu	照标价减去一个数目,减到原标价的十分之几,就叫作几折	discount
损耗 v.	sǔn hào	损失、消耗	loss; wear and tear
散装 adj.	sǎn zhuāng	商品出售时由大包分成小包,或不加包装,以方便顾客	bulk; loose goods
诱人 adj.	yòu rén	吸引人的	attractive
流通 v.	liú tōng	商品、货币流动转移	circulate
存货 n.	cún huò	储存的货物	stock; inventory
首选 n.	shǒu xuǎn	优先的选择	first choice
标签 n.	biāo qiān	标明品名、性能、价格等的纸片或塑料片	label; tag

续表

生词及词性	拼音	汉语解释	英语翻译
难怪 adv.	nán guài	怪不得	no wonder
常客 n.	cháng kè	经常来的客人	regular customer
淘 v.	táo	寻觅并购买	search for purchase
荷包 n.	hé bāo	随身带的装零钱或零星东西的小包，文中比喻钱或钞票	purse; wallet; (fig.) money
货物 n.	huò wù	供出售的物品	goods; wares
变质 v.	biàn zhì	文中指食品因保存时间过长,质量出现问题	go bad; spoil
临期 v.	lín qī	文中指食品快到保质期结束的时间	come to the moment; approach the expiry date
完毕 v.	wán bì	完成并结束,即完结	finish; end

二、短语、习语和专有名词(phrases, idioms and proper nouns)

1. 副食品(phrase), fù shí pǐn

除了主要食物(如大米、面粉等)之外的其他食物,如蔬菜、水果、肉类等。Non-staple food.

2. 不可避免(idiom), bù kě bì miǎn

不能使不发生(的事情)。Unavoidable.

3. 菜篮子工程(proper noun), cài lán zǐ gōng chéng

创建城市副食品生产、供应基地的工作。Non-Staple Food project; A project to create a production and supply base for urban non-staple food.

4. 华润万家(proper noun), huá rùn wàn jiā

华润旗下优秀零售连锁企业集团,从事的是与百姓生活紧密联系的零售行业。China Resources Vanguard Co. Ltd..

5. 广州友谊商店(proper noun), guǎng zhōu yǒu yì shāng diàn

一家位于广州的零售商店。Guangzhou Friendship Store.

语言点学习（Grammar or Vocabulary Learning）

1. ……，以缓解……

原文： 中国农村农业部于1988年提出建设"菜篮子工程"，以缓解国家副食品供应偏紧的矛盾。

用法： "……，以缓解……"表示做前面的事的目的是减轻后面的事的紧张程度，缓和矛盾。例如：

（1）德国车企希望加深与中国的合作，以缓解本国汽车行业目前的困境。

（2）刚感冒时，不妨用柠檬加蜜糖冲水饮用，以缓解咽喉痛，减少喉咙干等不适。

（3）要想在考试中取得好成绩，就必须学会自我放松，用积极的心态去面对，以缓解焦虑情绪带来的压力。

2. 从根本上

原文： 20世纪90年代中期之后，"菜篮子"产品数量持续增加，从根本上解决了副食品供应长期短缺的问题。

用法： "从根本上"表示做事情抓住了事物的根源或最重要的方面。例如：

（1）该公司的售后服务已经跟不上消费者的实际需求，需要从根本上进行改革。

（2）方法是影响学习效果的关键，必须从根本上解决这个问题。

（3）要采取有效措施，从根本上解决小学生课业负担过重的问题。

3. 难怪

原文： 这相当于原价六至七折优惠，难怪商品一上架就被迅速抢空。

用法： "难怪"是副词，放在句子或动词性词语的前面，表示明白了原因，对某种情况不再觉得奇怪，意同"怪不得"。此外，"难怪"也可以作动词，意思是不应当责怪（含有谅解之意）。例如：

（1）这次考试成绩名列榜首，难怪他这样高兴。

（2）难怪他今天这么高兴，原来新机器试验成功了。

（3）这也难怪，一个高龄老人怎能看得清那么小的字呢！

综合练习（Comprehensive Exercises）

一、根据课文内容回答问题（answer questions according to the text）

1. 为什么要建设"菜篮子工程"？
2. 超市里销售生鲜商品主要面临哪些困难？

3. 为了提高食品新鲜度和确保质量,华润万家对生鲜商品采取了哪些有效措施?

4. 华润万家生鲜商品晚市折扣活动的具体内容是什么?市民的评价如何?

5. 广州友谊商店超市采取了哪些优惠活动?市民的评价如何?

二、课堂讨论题(questions for discussion)

1. "菜篮子"对市民重要吗?除了超市,还可以在哪儿买到生鲜食品?

2. 你认为超市应该如何处理临期的生鲜食品?你会等到商品打折的时候再去买吗?

3. 超市应该如何做到既保持生鲜商品的质量,又减少浪费,还能让消费者得到实惠?

三、词语搭配(collocation of words)

例:过期(过期-食物/药品)(食品/护照-过期)

　　缓解(缓解-焦虑/疼痛,缓解不了/了)(已经/无法-缓解,得到-缓解)

1. 出清(　　)(　　)　　2. 短缺(　　)(　　)

3. 库存(　　)(　　)　　4. 人均(　　)(　　)

5. 精准(　　)(　　)　　6. 全程(　　)(　　)

7. 配送(　　)(　　)　　8. 跟踪(　　)(　　)

9. 周转(　　)(　　)　　10. 变质(　　)(　　)

四、模仿例句,用给定的词语或结构造句(make sentences with given words or structures after examples)

1. 例句:要用积极的心态去面对考试,以缓解紧张的情绪,这样才能取得理想的成绩。

……,以缓解……:_____。

2. 例句:中国已将绿色发展作为现代化的关键因素,这将从根本上造福人民,对其他国家也有启发意义。

从根本上:_____。

3. 例句:难怪马克今天这么高兴,原来他获得奖学金了。

难怪:_____。

4. 例句:作为城市居民的"菜篮子",各大超市在平日里生鲜商品种类也十分丰富。

作为……：_____。

5. 例句：消费者在华润万家超市看到了"生鲜晚市开始打折啦"的招牌，打折的幅度相当诱人。

相当：_____。

6. 例句：消费者发现那家超市冰柜里的 250 克牛排贴上了"大特惠"的标签：198元，买一份就赠送一份价值约 120 元的牛排，这相当于原价六至七折优惠。

……相当于……：_____。

五、口头表达（speaking practice）

假如你是华润万家超市生鲜商品的导购员，请向顾客介绍生鲜商品晚市折扣活动，内容包括：晚市的折扣率、具体时间、涉及的生鲜商品种类等。尽量使用以下词语：

顾客　优惠　实惠　新鲜　折扣　挑选

六、写作（writing）

请你为超市生鲜商品的销售设计一个促销方案，可以是晚市折扣活动，也可以是买赠活动等，300 字左右。

延伸阅读材料（Extended Reading）

超市为什么要经营生鲜商品

虽然生鲜商品与居民日常生活密切相关，但因为其在储存条件上与一般商品有差异，所以常在专业菜场（商场）或食品类商店出售。超市是与居民生活相配套的设施，出售日常生活用品。不少超市，特别是规模较大的超市，也经营生鲜商品。

以下我们先介绍生鲜商品的范围、保鲜要求等，之后从它在经营中的作用，分析超市为什么要经营生鲜商品。

生鲜食品都包括什么？它们有哪些特点？

生鲜食品一般包括以下五类：

(1) 水果，指可以吃的含水分较多的植物果实，如梨、桃、苹果等。

(2) 蔬菜，指可以做菜吃的草本植物，如白菜、菜花、萝卜、黄瓜、洋葱、扁豆等，也包括一些木本植物的嫩茎、嫩叶和菌类，如香椿、蘑菇等。

(3) 水产品，是海洋和淡水渔业生产的水产动植物产品及其加工产品的总称，如活的鱼虾、腌制的鱼干等。

（4）熟食，指经过加工做熟的饭菜，多指出售的做熟的肉食，如北京烤鸭、紫燕百味鸡等。中国各地熟食菜肴多以卤菜、凉拌菜为主，它们大多制作简单且美味，广为大众接受。

（5）糕点，指用米粉、面粉等制成的食品，种类很多，如年糕、蛋糕、饼干等。

生鲜商品与一般商品有差异，它们有以下特点：一是保质期短，容易腐烂变质，存在一定的损耗；二是保鲜条件严格，有的需要冷藏或冷冻；三是具有一定的地域性和季节性。此外，在销售方式上，大部分生鲜商品需要进行称重销售。

一般超市为什么要卖生鲜商品？

第一，提升超市客流量。生鲜商品是人们日常生活必需的，普通家庭经常会购买。大部分顾客会认为超市生鲜商品的质量是可靠的，因此会增加超市的客流量，同时提升其他商品的销售量。可以说，生鲜商品是超市的人气发动机。

第二，增加超市的盈利点。虽然生鲜商品在超市中的毛利率不是最高的，但也是超市的一个盈利点。举例来说，永辉超市2017年生鲜及加工品的营业总收入为260亿元，毛利率为13.54%。

第三，体现超市的经营特色。随着生鲜零售模式的不断创新和发展，生鲜商品新的销售模式给顾客带来了新的体验，也成为超市一道全新的风景线。据中国连锁经营协会发布的报告显示，2017年盒马鲜生、Seven Fresh等生鲜新零售商共开业新店51家，2018年前四个月已开新店35家，发展速度迅猛。

生鲜行业线下消费仍是主要方式。最近几年，生鲜电商难以做到最后100米，这无疑是运营商的痛点。如何最大限度地解决生鲜产品的售后问题，让用户轻松享受便捷和实惠，需要生鲜行业努力探索更新的销售模式。

注：以上延伸阅读材料主要根据《生鲜是指哪些食品类别，生鲜超市蔬菜分类明细》(https://www.marketup.cn/marketupblog/yxzx/14002.html)改写而成。

阅读上述材料，完成下列题目(read the passage and do the following exercises)：

1. 生鲜食品范围包括哪些？
2. 生鲜商品有哪些特点？
3. 超市为什么要卖生鲜商品？
4. 生鲜电商经营有什么困境？
5. 说说你知道的生鲜电商。

第八课　绿色营销传递品牌态度

案例背景（Background）

如今，人们的消费越来越追求健康、环保，对经济社会可持续发展更加关注。近年来，国家推进建设美丽中国、实现"双碳"目标。在这种形势下，绿色环保成了相关品牌努力的方向。不断涌现的绿色行动，将品牌环保营销推向了新风口。

课文主要根据《互联网：结合产品特点，传递品牌态度》（https://www.niaogebiji.com/article-149102-1.html）改写而成。

课文（Text）

快手：48小时直播冰雕鲸鱼的"告别"

2022年4月20日，快手在青岛海边以"没有一条鲸鱼想这样告别"为主题，举办了一场48小时冰雕鲸鱼环保展览。观众在这48小时直播中，看到一头长7.4米、重25吨的鲸鱼冰雕在烈日中不断地融化，默默迎接着"死亡"的降临，而当其"皮肤"褪去，露出的却是由人类丢弃的塑料垃圾填满腹部的场景。

这则直播宣传视频发布后，在两天内就获得了近2.6万条转发，话题讨论1.6万次，取得了很好的宣传效果。快手的这次绿色营销采取灾难式的广告风格，借此引起人们悲伤、恐惧的情绪来警诫人们关注海洋污染问题。

冰雕鲸鱼"告别"传播，联合了蓝丝带海洋保护协会、CM公益传播等公益组织，进一步扩大了环保展览活动的声势。作为快手与新华网共同发起的"带着快乐去赶海"主题活动的开幕仪式，这次环保展览（实为环保营销）与快手站内举办的赶海、捕鱼短视频征集赛是联合行动的。不管是在形式上还是在内容延续方面，这次环保营销都考虑了快手的产品特性：既吸引了快手平台上原有赶海爱好者的目光，又凭借不俗的艺术表达提升了快手在普通观众心中的品牌价值。

美团单车：开展"一人骑行，减碳一吨"行动

"地球停电一小时"当天，美团单车发起了"一人骑行，减碳一吨"行动，呼吁人们短途骑单车出行。与快手的灾难式广告风格不一样的是，美团单车以数据可视化的形式，让大众实时看到自己的低碳行为带来的成果：用户随时可查看到自己的骑行减碳贡献。对在规定期间内减碳达到1吨的用户，美团将以其名义，给山区捐赠用废旧轮胎制成的篮球场。

活动延续到"地球日"这天，美团单车还发起了"比心地球低碳骑行"挑战赛，骑车可得"低碳成就证书"。美团单车把用户低碳出行的贡献量化呈现，设置目标达成后有奖的活动。低碳骑行活动满足了用户的成就感，可有效激励大众持续参与。同时，该活动也充分结合了平台资源，既传达了品牌的社会责任感，也实现了宣传产品（美团单车）和传播一种健康低碳生活方式的目的。

快手和美团的绿色营销在传达品牌环保态度的同时，都结合自身产品的特性，体现了各自行业的特点。它们推出的活动多是环保行为记录打卡、福利赠送等。平台的便利性给消费者参与环保行动创造了更多机会，能够吸引更多消费者参与。

课前预习题（Pre-reading Tasks）

1. 查阅资料，了解"双碳"的相关内容。
2. 什么是灾难式的广告风格？你见过这种广告吗？观看后你的心情怎么样？
3. 你骑过美团单车吗？在什么情况下你会骑单车出行？

生词和词语表达（New Words and Expressions）

一、生词（new words）

课文中的生词

生词及词性	拼音	汉语解释	英语翻译
涌现 v.	yǒng xiàn	（人或事物）大量出现	emerge in large numbers; spring up
风口 n.	fēng kǒu	原指山口、街口等有风的地方；比喻竞争激烈、问题尖锐的社会前沿	forefront

续 表

生词及词性	拼 音	汉语解释	英语翻译
鲸鱼 n.	jīng yú	海洋里一种大型哺乳动物	whale
融化 v.	róng huà	（冰、雪等）受热变为液体，也作"溶化"	melt; thaw
降临 v.	jiàng lín	来到，来临	befall; arrive
褪 v.	tuì	颜色（或痕迹）变淡或者消失	take off (clothes); (of colour) fade
丢弃 v.	diū qì	扔掉，抛弃	discard
腹部 n.	fù bù	动物躯干的一部分，通称肚子	abdomen; belly
转发 v.	zhuǎn fā	把收到的信息等再发送给别人，或发到别的地方	resend; forward
恐惧 adj.	kǒng jù	惊慌、害怕	fear
协会 n.	xié huì	以发展某项共同事业为目的而组成的群众团体	association
公益 n.	gōng yì	公共的利益（多指群众的福利事业）	public good; public welfare
声势 n.	shēng shì	声威和气势	impetus; momentum
赶海 v.	gǎn hǎi	趁退潮时到海滩或浅海拾取、捕捉各种海洋生物	gather seafood on the beach when the tide is ebbing
征集 v.	zhēng jí	用公告或口头询问的方式收集，征募	collect; recruit
凭借 v.	píng jiè	依靠	rely on
开幕 v.	kāi mù	（会议、展览等大型活动）开始	begin the performance; open (a conference)
不俗 adj.	bù sú	不一般	original; uncommon
呼吁 v.	hū yù	向个人或社会申述，请求援助或主持公道	appeal; call on
低碳 adj.	dī tàn	温室气体（以二氧化碳为主）排放量较低的	low carbon
名义 n.	míng yì	做某事时所用的名分、资格	name

续　表

生词及词性	拼　音	汉语解释	英语翻译
捐赠 v.	juān zèng	"捐献赠送"的缩略词。不求回报地把有价值的东西给机构或别人	contribute（as a gift）；donate
轮胎 n.	lún tāi	汽车、自行车等轮子外围安装的环形橡胶制品，一般分内胎、外胎两层	tire
呈现 v.	chéng xiàn	显出，露出，出现	present (a certain appearance)；appear
激励 v.	jī lì	激发、鼓励	motivate；encourage
打卡 v.	dǎ kǎ	到了某地或拥有某物向他人展示，记录本人留下的痕迹，原指打考勤卡	clock in and out；keep a record
福利 n.	fú lì	生活方面的利益	material benefits

二、专有名词(proper nouns)

1. 可持续发展(proper noun), kě chí xù fā zhǎn

自然、经济、社会相互协调与统一的发展。这种发展在不牺牲后代人长远利益的情况下，满足当代人的生活需求。Sustainable development.

2. "双碳"(proper noun), shuāng tàn

"双碳"是"碳达峰""碳中和"的简称。"碳达峰"指在某一个时点，二氧化碳的排放达到峰值后，逐步回落。"碳中和"指通过技术、环保等手段，抵消掉一定时间内直接或间接产生的二氧化碳排放量，使这部分的碳排放达到"零排放"、无环境污染的标准。Carbon peaking and carbon neutrality.

3. 青岛(proper noun), qīng dǎo

中国山东省的一个沿海城市。A coastal city in Shandong Province，China.

4. 快手(proper noun), kuài shǒu

一个用户记录和分享生产、生活的短视频网络平台。Kwai website.

5. 美团(proper noun), měi tuán

一家科技零售公司。Meituan website.

语言点学习（Grammar or Vocabulary Learning）

1. 对……（更加）关注

原文：如今人们的消费越来越追求健康、环保，对经济社会可持续发展更加关注。

用法："对……（更加）关注"是带介词结构的动词短语，意即（更加）关心和重视前面所提的对象。例如：

（1）随着消费者越来越重视轿车车身的质量，汽车制造商对车身制造质量的控制问题也更加关注。

（2）新课题对当代社会文化的主题更加关注，特别重视多元文化研究。

（3）作为纳税人，我对税务系统发布的减免税相关信息更加关注。

2. 不管是……还是……，都……

原文：不管是在形式上还是在内容延续方面，这次环保营销都考虑了快手的产品特性……

用法："不管是……还是……，都……"引导结果不以条件为转移的条件关系复句。前半部分偏句陈述的是"无条件"的条件，后半部分正句陈述在任何条件下都有同样的结果。例如：

（1）不管是"牛市"还是"熊市"，她都把股市风险放在首位，轻易不买进股票。

（2）不管是父母的劝说还是老师的教导，她都认真记在心里。

（3）不管是成绩好还是成绩差，都应该端正学习态度。

3. 以……名义

原文：对在规定期间内减碳达到 1 吨的用户，美团将以其名义，给山区捐赠用废旧轮胎制成的篮球场。

用法："以……名义"放在动词性词语的前面，表示用什么名分或资格做事情。例如：

（1）合法证券经营机构，只能以公司名义对外开展业务。

（2）我们以公司的名义向上级管理部门反映了这一情况。

（3）那篇文章是以他的名义发表的。

综合练习（Comprehensive Exercises）

一、根据课文内容回答问题(answer questions according to the text)

1. 相关品牌为什么流行绿色营销？48 小时冰雕鲸鱼环保展览的主要内容是

什么?

2. 通过这次绿色营销,快手想达到什么目的?还有哪些组织或团体参加了这次活动?

3. 快手的这次环保营销有什么特点?收到了什么效果?

4. 美团单车发起的"一人骑行,减碳一吨"活动的具体内容是什么?其目的是什么?

5. 快手和美团的绿色营销活动有什么共同之处?

二、课堂讨论题(questions for discussion)

1. 谈谈你看了快手在青岛海边冰雕鲸鱼环保展览介绍之后的感想。

2. 快手在青岛海边的冰雕鲸鱼环保展览活动能够提升快手的品牌价值吗?

3. 你还见过其他灾难式的广告活动吗?它引起了你对哪方面环境问题的关注?

4. "地球停电一小时"活动对环保有哪些作用?你在这个活动里做过什么有意义的事情?

5. 美团单车发起的"一人骑行,减碳一吨"行动对减碳有没有促进作用?

三、词语搭配(collocation of words)

例:**征集**(征集-方案/标语/文章)(方案/论文-**征集**)
　　激励(激励-措施)(没有/无须-**激励**,学校/老师-的**激励**)
　　型(外向/科技/经济-**型**)

1. 涌现(　　)(　　)　　2. 风口(　　)(　　)
3. (　　)(　　)式　　　4. 融化(　　)(　　)
5. 降临(　　)(　　)　　6. 丢弃(　　)(　　)
7. (　　)(　　)感　　　8. 转发(　　)(　　)
9. 呼吁(　　)(　　)　　10. 打卡(　　)(　　)

四、模仿例句,用给定的词语或结构造句(make sentences with given words or structures after examples)

1. **例句**:这篇报道产生了广泛的社会影响,教育领域专家对幼儿教育问题更加关注了。

对……(更加)关注:_____。

2. **例句**:不管是晴天还是雨天,这位老人都坚持参加志愿者服务活动。

不管是……还是……,都……:_____

3. **例句**：在学校，这位教授以他个人名义设立了助学金，以帮助那些经济困难的学生。

以……名义：_____。

4. **例句**：该公司以"没有一条鲸鱼想这样告别"为主题，在青岛举办过一次冰雕鲸鱼环保展览。

以……为主题：_____。

5. **例句**：在传达品牌环保态度的同时，快手和美团的绿色营销都结合了自身产品特性，也体现了各自的行业特点。

在……的同时，也……：_____。

五、口头表达（speaking practice）

邀请你朋友一起参加美团单车的"比心地球低碳骑行"挑战赛，说清楚该活动的内容、目的以及参赛可能得到的奖励等。尽量使用以下词语：

主题　环保　减碳　出行　健康　参赛　达标　证书

六、写作（writing）

介绍你们国家在节约能源、减少碳排放量方面所采取的有效措施，300字左右。

延伸阅读材料（Extended Reading）

节能减排，中国在行动

随着人类步入工业化社会，二氧化碳等气体排放过多，导致地球温室效应加剧，自然灾害增加。减少二氧化碳等气体排放，是解决温室效应对全球环境影响的主要措施。

中国已经制定了减排目标，力争在2030年前碳排放量达到峰值，2060年前实现碳中和。碳排放权交易是中国实现减排目标的一个重要的市场化制度。作为制度落地的一项举措，2021年7月16日，全国碳排放权交易市场正式上线。碳排放权交易市场上线"满月"，价格平稳，但市场活跃度较低。2021年8月16日，全国碳市场碳排放配额收盘价为51元/吨，与一个月前上线时的开盘价相比，累计涨幅6.25%。多位业内人士表示，当前碳市场交易情况整体符合预期。根据以往地方试点运行的经验，碳市场交易高峰往往出现在履约期到来前。履约期前，全国碳市场交易相对活跃，价格也有所上涨。

上海环境能源交易所负责人在接受记者采访时表示,交易量不高的原因有两方面:一方面是因为碳市场交易启动不久,很多企业处于开设账户的过程中,目前企业的交易账户开户率为80%左右;另一方面则是纳入交易的企业多数没有参与过地方试点交易,对碳交易的有关流程、管理方法等方面的了解还有欠缺,企业参与交易的意愿还有待提高。他指出,一个高质量的碳市场应该政策清晰稳定、法规制度健全,同时价格波动平稳。市场的价格信号要清晰有效,能够有助于引导企业节能减排,引导资金技术投入应对气候变化的领域。

此外,全国碳市场参与主体和交易品种数量单一,也在一定程度上影响了交易活跃度。有生态环境部专家指出,当前全国碳市场参与主体限于控排企业,专业碳资产公司、金融机构、个人投资者暂时没有拿到碳交易市场的入场券,这在一定程度上限制了资金规模的扩大和市场活跃度的提升。

目前,全国碳市场的建设在稳步推进。生态环境部新闻发言人曾表示,生态环境部将会同有关部门,共同推动碳排放权交易管理相关条例尽快出台。健全全国碳市场联合监管机制,加强对全国碳市场各环节的监管,有效防范市场风险。在发电行业碳市场运行良好的基础上,扩大行业覆盖范围。逐步纳入更多高排放行业,丰富交易品种、交易方式和交易主体,提升市场活跃度。

有专家认为,中国碳市场整体上还处于初级阶段,市场的金融化程度有待提高。应充分发挥市场调节及资源配置作用,引导资本投入低碳环保领域,推动中国绿色发展和可持续经济增长。他指出,大力发挥碳市场价格及价值发现功能,加强中国在国际碳定价中的核心话语权,有助于巩固中国在国际上应对气候变化领域的主体地位。

注:以上延伸阅读材料主要根据《全国碳排放权交易市场上线"满月"价格平稳市场活跃度较低》(https://www.chinanews.com.cn/m/ny/2021/08-16/9544810.shtml)改写而成。

阅读上述材料,完成下列题目(read the passage and do the following exercises):

1. 为什么会发生地球温室效应?它有什么危害?
2. 怎样解决地球温室效应?
3. 中国已经制定的减排目标是什么?
4. 概述中国实现减排目标的市场化制度。
5. 介绍中国碳交易市场情况。

第九课 "人脸识别第一案"终审判决

案例背景（Background）

近年来，人脸识别技术因便捷而被广泛使用，正迅速融入人们的日常生活。"刷脸"解锁、"刷脸"支付……生活中的"刷脸"应用越来越常见。然而，人脸识别技术也可能被滥用。滥用这一技术就会侵害自然人的合法权益，引起社会矛盾。

课文主要根据《"人脸识别第一案"终审判决意义非凡》（https://m.gmw.cn/baijia/2021-04/11/34755952.html）改写而成。

课文（Text）

2021年4月9日，备受关注的"人脸识别第一案"迎来了终审判决。被告某野生动物世界被判删除原告郭先生提交的包括照片在内的面部特征信息和指纹识别信息，并于判决生效之日起10日内履行完毕。

2019年4月，郭先生支付1 360元购买某野生动物世界双人年卡，确定指纹识别入园方式。2019年7月、10月，该野生动物世界两次向郭先生发送短信，通知年卡入园识别系统更换事宜，要求激活人脸识别系统，否则将无法正常入园。但是，郭先生认为人脸信息属于高度敏感的个人隐私，不同意接受人脸识别，要求园方退卡。

本案庭审的焦点在于对该野生动物世界采集使用人脸信息的行为如何评判的问题。不可否认，人脸识别是我们这个时代的重要技术之一。它所依赖的是每个个体的生物特征，比如虹膜，这是与指纹、掌纹等一样的生物特征，也被称为"人体密码"。与数字密码不同，生物特征是人无法改变的，它是个人信息的最后防线。生物特征的重要性，就像二审法院指出的：生物识别信息作为敏感的个人信息，深度体现自然人的生理和行为特征，一旦被滥用，就可能导致个人受到歧视或者人身、财产安全受到不测危害。

去动物园看动物必须"刷脸"吗？显然不是。一方面，郭先生在购票时双方约定的是指纹识别，提出"人脸识别"是动物园的单方面措施；另一方面，"人脸识别"不是看动物的必要前提，而所有个人生物信息的采集都必须符合合法、正当、必要的原则。

中国法律对于个人信息有明确的保护要求。《中华人民共和国民法典》规定，任何组织和个人需要获取他人个人信息的，都应当依法取得并确保信息安全，不得非法收集、使用、加工、传输他人个人信息，不得非法买卖、提供或者公开他人个人信息。《中华人民共和国刑法》也规定，不经同意而非法获取，或者将合法取得的个人信息出售或提供给第三方，此类行为均涉嫌构成侵犯公民个人信息罪。

只不过，人脸识别等新技术的快速推广和广泛使用使很多人对身边的侵犯公民个人信息行为往往习焉不察，甚至习以为常。比如，各地售楼处的摄像头。对个人信息的法律保护，很多时候也只是停留在纸面上。"人脸识别第一案"的判决告诉我们，可以勇敢地向人脸识别说"不"。

值得一提的是，本案的原告郭先生曾在听证会上提出居民区门禁不得强制用生物信息识别的建议，被有关方面采纳。在这个意义上，"人脸识别第一案"也是对所有公民个人信息保护的积极提醒。

课前预习题（Pre-reading Tasks）

1. 你是怎么给手机、电脑解锁的？
2. 在日常生活中，你愿意被"刷脸"吗？"刷脸"在你们国家使用的情况怎么样？

生词和词语表达（New Words and Expressions）

一、生词（new words）

课文中的生词

生词及词性	拼音	汉语解释	英语翻译
识别 v.	shí bié	辨认，辨别	recognise
终审 v.	zhōng shěn	法院对案件进行最后一级审判	make final ruling
判决 v./n.	pàn jué	法院对审理结束的案件做出处理决定	reach a verdict; verdict (n.)
便捷 adj.	biàn jié	快而方便	fast and convenient

续 表

生词及词性	拼 音	汉语解释	英语翻译
刷 v.	shuā	原指把卡片等放入或贴近设备以识别卡里内容。文中"刷脸"指设备对人脸扫描、识别,进行身份鉴定	swipe (card, face)
解锁 v.	jiě suǒ	解除锁定	unlock
滥用 v.	làn yòng	胡乱地或过度地使用	abuse
侵害 v.	qīn hài	用暴力或非法手段损害	infringe
权益 n.	quán yì	应该享受的、不容侵犯的权利	rights and benifits
备受 v.	bèi shòu	完全受到	fully experience
删除 v.	shān chú	删去,去掉、去除	delete
面部 n.	miàn bù	头的前部,脸(部)	face
指纹 n.	zhǐ wén	手指头肚上皮肤的纹理,也指这种纹理留下来的痕迹	fingerprint
生效 v.	shēng xiào	发生效力	take effect; become effective
履行 v.	lǚ xíng	按约定或职责去做	perform; fulfil
事宜 n.	shì yí	需要安排、处理的事情或事项(多用于公文、法令等)	matters concerned; arrangements
激活 v.	jī huó	刺激某事物,使活跃起来	activate
敏感 adj.	mǐn gǎn	容易引起反应的	sensitive
隐私 n.	yǐn sī	不愿告诉他人或不愿公开的个人的事	privacy
庭审 n.	tíng shěn	法庭审理	court hearing; trial
焦点 n.	jiāo diǎn	比喻问题的关键,或人们关注的集中点	focus
采集 v.	cǎi jí	收集,搜罗	gather; collect
评判 v.	píng pàn	判定胜败、优劣	judge
生物 n.	shēng wù	自然界中所有具有生长、发育、繁殖等能力的物体	living beings

续 表

生词及词性	拼 音	汉语解释	英语翻译
虹膜 n.	hóng mó	眼球前部含色素的环形薄膜，当中是瞳孔	iris
人体 n.	rén tǐ	人的身体	human body
防线 n.	fáng xiàn	用来抵御外力、防护自身的东西，原指军事工事连成的防御地带	line of defense
生理 n.	shēng lǐ	机体的生命活动和体内各器官的功能	physiology
歧视 v.	qí shì	不平等对待，看不起	discrimination
人身 n.	rén shēn	个人的生命、健康、行动、名誉等（着眼于保护或损害）	personal
不测 adj.	bù cè	不可测度的，不可预料的	unforeseen；unexpected
他人 pron.	tā rén	别人	others
不得 aux.	bù dé	用在别的动词前，表示不允许	not be allowed
非法 adj.	fēi fǎ	不合法的	illegal
刑法 n.	xíng fǎ	规定什么是犯罪行为，犯罪行为应受到什么惩罚的法律	criminal law
涉嫌 v.	shè xián	有跟某件事情（常指非法的事）有关的嫌疑	be suspected of (being involved)
门禁 n.	mén jìn	门口的戒备防范措施（及设备）	door control system
强制 v.	qiáng zhì	用法律或政治、经济力量强迫	compel，enforce

二、短语、习语和专有名词(phrases, idioms and proper nouns)

1. 近年(以)来(phrase)，jìn nián (yǐ) lái

过去几年到现在一段时间。In recent years.

2. 习焉不察(idiom)，xí yān bù chá

对某些事物习惯了，也就觉察不到其中的问题。Do something without studying it first after one has become accustomed to it; Habit does not notice.

3. 习以为常（idiom），xí yǐ wéi cháng

经常看到或经常做，就认为它很平常。Be a matter of common practice; be accustomed to something.

4. 自然人（proper noun），zì rán rén

个人在民事法律关系上的称谓。从出生到死亡，自然人依法享有民事权利；通常包括本国公民以及居住在本国的外国人、无国籍人；与"法人"相区别。Natural person.

5. 民法典（proper noun），mín fǎ diǎn

"民法"的意思是规定公民和法人的财产关系（如债权、继承权等）以及与其相联系的人身非财产关系（如劳动、婚姻、家庭等）的各种法律；"法典"的意思是经过整理的比较完备、系统的某一类法律的总称，如民法典、刑法典。"民法典"相当于处理民事法律关系的一本百科全书。Civil code.

语言点学习（Grammar or Vocabulary Learning）

1. 不得

原文：《中华人民共和国民法典》规定，任何组织和个人需要获取他人个人信息的，都应当依法取得并确保信息安全，不得非法收集、使用、加工、传输他人个人信息，不得非法买卖、提供或者公开他人个人信息。

用法："不得"是助动词，用在动词前，表示不许可。例如：

（1）任何组织和个人，都不得干预公司经理人员的正常选聘程序。

（2）许可证合同的有效期限一次不得超过10年。

（3）这次抽奖式有奖销售活动规定，最高奖金金额不得超过5 000元。

2. 因……而……

原文：近年来，人脸识别技术因便捷而被广泛使用，正迅速融入人们的日常生活。

用法："因……而……"引导表因果关系的紧缩句（一种以单句形式表达复句内容的句子），前一部分"因……"陈述原因，后一部分"而……"陈述前面原因产生的结果。例如：

（1）文明因交流而多彩，因互鉴而丰富。

（2）事业因执着而成功，人生因坚韧而出彩。

（3）大海因水滴融合而浩瀚无边，森林因树木密集而郁郁葱葱。

3. 只不过

原文：只不过，人脸识别等新技术的快速推广和广泛使用使很多人对身边的侵犯公民个人信息行为往往习焉不察,甚至习以为常。

用法:"只不过"表示轻微程度的转折,含有往小里或轻里说的意味,意思为只是、不过。例如:

(1) 我是一个普通学生,只不过学习刻苦一些,并没有什么诀窍。
(2) 所谓天才,只不过是把别人喝咖啡的时间都用在工作和学习上了。
(3) 他们只不过是把在台北经营奶茶的方式移植到大陆罢了。

4. 值得一提的是

原文:值得一提的是,本案的原告郭先生曾在听证会上提出居民区门禁不得强制用生物信息识别的建议,被有关方面采纳。

用法:"值得一提的是"用于陈述后面将要说到的事物。例如:

(1) 值得一提的是,自从有了互联网,一些农民也学会了上网做生意,有时甚至足不出户就做成了买卖。
(2) 北京美食很多,最值得一提的是北京烤鸭,它外表金黄酥脆,内质肉嫩多汁,香味浓郁,口感独特。
(3) 新加坡旅游景点很多:环球影城、国家博物馆、鱼尾狮公园……更值得一提的是,新加坡有全世界最高的摩天轮。

综合练习(Comprehensive Exercises)

一、根据课文内容回答问题(answer questions according to the text)

1. 人脸识别技术有什么利弊?"人脸识别第一案"的终审判决结果是什么?
2. 郭先生为什么不同意接受人脸识别并要求退卡?
3. 该案庭审的焦点是什么?二审法院的观点是什么?
4. 去某野生动物世界看动物必须"刷脸"吗?
5. 中国法律保护个人信息的要求有哪些?该案判决结果有什么示范意义?

二、课堂讨论题(questions for discussion)

1. 在日常生活中,你遇到过"刷脸"吗?你对被要求"刷脸"是什么态度?
2. 如果你是郭先生,你是同意"刷脸"还是要求退卡?
3. 你遇到过侵犯公民个人信息的行为吗?你是怎么处理的?
4. 在保护公民个人信息方面,你觉得还有哪些需要注意或改进的地方?

三、词语搭配（collocation of words）

例：便捷（**便捷**的-方法/路线）（很/不-**便捷**）

歧视（**歧视**-他人）（不能/涉嫌/非法-**歧视**）

1. 解锁（　　　）（　　　）　　2. 刷（　　　）（　　　）
3. 滥用（　　　）（　　　）　　4. 删除（　　　）（　　　）
5. 采集（　　　）（　　　）　　6. 备受（　　　）（　　　）
7. 识别（　　　）（　　　）　　8. 评判（　　　）（　　　）
9. 非法（　　　）（　　　）　　10. 涉嫌（　　　）（　　　）

四、模仿例句，用给定的词语或结构造句（make sentences with given words or structures after examples）

1. 例句：学校规定，不得携带手机进入考场。

不得：_____。

2. 例句：我们的生活因科技进步而更加便利。

因……而……：_____。

3. 例句：孩子只不过这一次考试没考好，完全没必要担心他的前途。

只不过：_____。

4. 例句：值得一提的是，市场上国产品牌的手机越来越多，它们的质量不比外国品牌差，价格也便宜。

值得一提的是：_____。

5. 例句：被告（动物园）被判删除原告提交的包括照片在内的面部特征信息和指纹识别信息，并于判决生效之日起5个工作日内履行完毕。

被告（……）被判……，并……履行完毕：_____
_____。

6. 例句：这一案件庭审的焦点在于对动物园采集和使用人脸信息的行为如何评判的问题。

焦点在于对……如何评判的问题：_____
_____。

五、口头表达（speaking practice）

说说生物特征作为密码的优缺点。尽量使用以下词语：

便捷　采集　储存　滥用　隐私　保护　侵犯

六、写作(writing)

写一篇300字左右的短文,说明保护公民个人信息的重要性以及可以采取的措施。

延伸阅读材料(Extended Reading)

谨防"刷脸"技术被滥用

人脸识别技术给我们的生活带来了便捷。但是,一些经营者滥用人脸识别技术,侵害自然人合法权益,引发了社会的广泛关注和担忧。以下是几个案例及相关启示。

2019年4月,郭先生购买某野生动物世界年卡,后来他又被通知入园方式从指纹识别调整为人脸识别。在和入园管理方多次协商未果后,他认为人脸识别收集的面部特征信息属于个人敏感信息,一旦泄露、被非法提供或者滥用,将极易危害人身和财产安全。于是,他将某野生动物世界告上法庭。2021年,这场纠纷以郭先生胜诉告终,杭州市中级人民法院二审公开宣判,某野生动物世界被判删除郭先生的面部特征与指纹信息。

2021年3月,顾先生在搬入天津某小区时,被物业告知只能"刷脸"进入,没有其他进入方式。顾先生认为物业公司此举违法,于是将其诉至法院。2022年5月,天津市第一中级人民法院二审判决认为,物业公司违法,应积极履行法律义务,删除顾先生的人脸信息,并为其提供其他验证方式。

2023年5月,家住广州的杨女士在某健身房办理会员卡后发现,该店要求会员必须使用人脸识别才可以进入。杨女士认为,健身房侵犯了自己的个人信息,要求健身房提供除人脸识别以外的其他认证方式,并向当地消费者委员会投诉。在消费者委员会的调解下,该健身房及时调整顾客进入健身房的认证方式,提供了前台登记认证后进入等方式供会员选择。

值得注意的是,除隐私权、名誉权被侵害外,因人脸信息等身份信息泄露导致"被贷款""被诈骗"等也时有发生,甚至还有一些犯罪分子利用非法获取的身份证照片等个人信息制作成动态视频,破解人脸识别验证程序,实施窃取财产、虚开增值税发票等犯罪行为。

作为生物识别信息,人脸具有唯一性,一般情况下无法更改。它与手机号码、密码等信息不同,这对信息采集者和管理者提出了更高的要求。人脸信息如果得不到妥善保管而被泄露,用户个人隐私就有可能处于"裸奔"状态。一些专家建议,必须通过立法等方式,对人脸识别技术的应用进行规范。要设置必要的门槛,改变任何企业随意收集和使用公民生物识别信息的现状。参照身份证管理,原始数据统一由国家掌控。

注: 以上延伸阅读材料主要根据《谨防"刷脸"技术被滥用》(https://baijiahao.baidu.com/s?id=1766550962224861218&wfr=spider&for=pc)改写而成。

阅读上述材料,完成下列题目(read the passage and do the following exercises):

1. 简要介绍某野生动物世界"刷脸"案件。
2. 概述天津某小区物业"刷脸"案件。
3. 简要陈述广州某健身房"刷脸"争议事件。
4. 举例说明人脸信息等身份信息泄露会导致什么后果。
5. 说说你对规范人脸识别技术应用的看法。

四、国际经济合作

Part IV International Economic Cooperation

第十课 "双赢"促成特斯拉在中国建新厂

案例背景（Background）

近年来，特斯拉在中国的快速发展引起了人们的广泛关注。有人不禁要问，为什么特斯拉选择在中国建造超级工厂，而不是在其总部所在地——美国建厂呢？这个问题可以从下文内容中得到回答。

课文主要根据《如何用商业模式颠覆汽车行业？特斯拉的成功之路》(https://baijiahao.baidu.com/s?id=1765406568225755953&wfr=spider&for=pc)、《特斯拉和中国新能源，究竟谁成就了谁？》(https://www.d1ev.com/news/qiye/250926)等改写而成。

课文（Text）

在现代汽车行业中，特斯拉是第一家成功打破汽车行业传统商业模式的公司。首先，特斯拉直接向消费者销售汽车，这种模式使得它能够更好地控制产品品质和售后服务。其次，特斯拉将许多先进技术应用于汽车制造，这些技术使得该品牌汽车能够在市场上脱颖而出。再次，特斯拉在全球范围内建立了充电站网络，这些充电站不仅为其车主提供方便，而且为使用该品牌汽车带来了更多的可持续性。最后，特斯拉努力降低电动汽车的生产成本，以便满足更多消费者的购买愿望。

2019年1月7日，特斯拉首个海外工厂——上海超级工厂开工建设。当年12月30日，该品牌汽车Model 3正式在上海工厂向车主交付。截至2022年8月15日，特斯拉已经生产超过300万辆车，其中上海工厂生产了100万辆。

近年来，随着自主品牌的成长，中国新能源汽车（主要指电动汽车）产业发展迅速。自主品牌已经成为中国新能源汽车产业的希望，人们希望能在这一领域赶超美国、日本等汽车产业强国。然而，处于发展期的中国新能源汽车，仍在关键零部件和核心技术上与美国、日本有些差距,依然需要特斯拉这样的外国品牌和企业。特斯拉的技术及企业的经营管理方式等仍领先于国内新能源自主品牌企业。说到底,在国产自主品牌汽车已有一定规模的情况下,依然允许特斯拉在中国建厂,原因正是中国新能源汽车还需要借鉴、吸收特斯拉等国外企业的先进技术和管理经验。特斯拉在中国建厂,有利于带动中国新能源汽车产业链的发展,顺应了大力发展清洁能源的国家战略,助力"碳达峰""碳中和"目标的早日实现。

当然,特斯拉也需要中国这个市场。中国作为拥有超过14亿人口的世界第二大经济体,既拥有相当规模的消费群体,又拥有丰富的人力资源。特斯拉在中国建厂,可从中国市场获益。据统计,2018年至2020年,特斯拉在美国和中国以外的市场(主要是欧洲市场)收入仅增长了2.3%。在欧洲市场达到饱和乃至停滞的状况促使特斯拉必须转向下一个潜在市场去寻求新的增长,中国可能就是那个有潜力的市场。特斯拉的判断没错,当它在美欧市场的份额增长减缓时,其销售额却能在中国获得大幅增长:2019年为69.6%,2020年为123.6%。中国市场对于特斯拉的重要程度不言而喻。

课前预习题(Pre-reading Tasks)

1. 特斯拉汽车与普通汽车有什么不同?
2. 给汽车提供动力的能源类型有哪几种?

生词和词语表达(New Words and Expressions)

一、生词(new words)

课文中的生词

生词及词性	拼音	汉语解释	英语翻译
促成 v.	cù chéng	推动使成功	promote;facilitate
不禁 adv.	bù jīn	抑制不住,禁不住	can't help (doing sth.)
开工 v.	kāi gōng	(土木工程)开始(建造)	start (to construct)
交付 v.	jiāo fù	付给,交给	hand over;deliver
截至 v.	jié zhì	到(某时限)为界	by (a specified time);up to

续　表

生词及词性	拼　音	汉语解释	英语翻译
零部件 n.	líng bù jiàn	零件和部件的合称	components and parts
壮大 v.	zhuàng dà	变得强大	become strong
顺应 v.	shùn yìng	顺从,适应	comply with; conform to
早日 adv.	zǎo rì	早早地,时间提早	at an early date
饱和 v.	bǎo hé	事物在某个范围内达到最高限度	saturate; be saturated
乃至 conj.	nǎi zhì	甚至	even; so much so that
停滞 v.	tíng zhì	因受阻而不能顺利地运动或发展	stagnate; be at a standstill
潜在 adj.	qián zài	存在于事物内部、不易被发现或发觉的	latent; potential
减缓 v.	jiǎn huǎn	(速度)变慢,(程度)减轻	slow down

二、短语、习语和专有名词(phrases, idioms and proper nouns)

1. 自主品牌(phrase), zì zhǔ pǐn pái

企业自主创立、拥有知识产权和运营权的品牌。Self-owned brand.

2. 清洁能源(phrase), qīng jié néng yuán

一种对环境影响较小、可持续利用的能源,如太阳能、风能、水能等。Clean energy.

3. 脱颖而出(idiom), tuō yǐng ér chū

比喻人的才能或事物的优点显露出来。Stand out from the crowd; reveal one's talents.

4. 说到底(idiom), shuō dào dǐ

说到根本上。In the final analysis; at bottom; ultimately.

5. 不言而喻(idiom), bù yán ér yù

不用解释就能明白,形容道理显而易见。It is self-evident.

6. 特斯拉(proper noun), tè sī lā

美国一家电动汽车及能源公司,总部位于加州旧金山附近的帕洛阿托(Palo Alto),产销电动汽车、太阳能板及储能设备。Tesla.

语言点学习（Grammar or Vocabulary Learning）

1. 不禁

原文： 有人不禁要问，为什么特斯拉选择在中国建造超级工厂，而不是在其总部所在地——美国建厂呢？

用法： "不禁"是副词，意为忍不住、禁不住、抑制不住，后面必带动词或动词性词语。例如：

（1）听到故事的精彩处，人们不禁拍案叫好。

（2）看到姚明又进了一个球，观众不禁热烈鼓掌。

（3）得知对方竟擅自撕毁销售合同，他不禁勃然大怒。

2. 说到底

原文： 说到底，在国产自主品牌汽车已有一定规模的情况下，依然允许特斯拉在中国建厂，原因正是中国新能源汽车还需要借鉴、吸收特斯拉等国外企业的先进技术和管理经验。

用法： "说到底"引出上文所说某一问题的实质或要害，意思是说到根本上。例如：

（1）任何重大的成功，说到底都是用人的成功；同样，任何重大的失败，说到底都是用人的失败。

（2）说到底，保证质量、解决了消费者的后顾之忧，产品才能在市场上立足。

（3）写小说，说到底，就是写人物，写人物之间悲欢离合的故事。

3. 乃至

原文： 在欧洲市场达到饱和乃至停滞的状况促使特斯拉必须转向下一个潜在市场去寻求新的增长，中国可能就是那个有潜力的市场。

用法： "乃至"连接并列词语，意思为甚至、以至于，表示事情所达到的范围；也说"乃至于"。例如：

（1）特斯拉电动汽车在美国乃至世界都是很有名的，影响也很大。

（2）这本来是需要几年乃至于十几年才能完成的工程，现在两年就完成了。

（3）他的发明引起了全国乃至国际上的重视。

4. 不言而喻

原文： 中国市场对于特斯拉的重要程度不言而喻。

用法： "不言而喻"是指不用说就能明白，常用于对前面提到的内容作评价性的陈述；也可以作为关联性词语，引出下一项要陈述的内容。例如：

(1) 技术创新在现代企业发展中的重要作用是不言而喻的。

(2) 经过几年的努力，他终于拿到了博士学位，内心的兴奋不言而喻。

(3) 不言而喻，青年人的发展对于一个国家的未来是至关重要的。

综合练习（Comprehensive Exercises）

一、根据课文内容回答问题（answer questions according to the text）

1. 特斯拉是一家什么样的公司？
2. 为什么说特斯拉是第一家成功打破汽车行业传统商业模式的公司？
3. 与国外新能源汽车相比，中国新能源汽车的发展情况怎样？
4. 国产电动汽车已有一定规模，为什么还允许特斯拉在中国建厂？
5. 特斯拉在中国建厂对它有什么好处？

二、课堂讨论题（questions for discussion）

1. 为什么说特斯拉在中国建厂是"双赢"的选择？
2. 特斯拉为什么选择在上海建厂？说说你的看法。
3. 与传统汽油车相比，新能源汽车有哪些优缺点？
4. 你认为中国在新能源汽车产业上能超越美国、日本等汽车产业强国吗？

三、词语搭配（collocation of words）

例：停滞（停滞的-经济/计划，停滞-多时/多日）（已经/即将-停滞）

颠覆（颠覆-力量/颠覆-认知）（颠覆-认知，已经/不能/完全-颠覆）

1. 促成（　　）（　　）
2. 开工（　　）（　　）
3. 交付（　　）（　　）
4. 顺应（　　）（　　）
5. 壮大（　　）（　　）
6. 早日（　　）（　　）
7. 零部件（　　）（　　）
8. 饱和（　　）（　　）
9. 潜在（　　）（　　）
10. 减缓（　　）（　　）

四、模仿例句，用给定的词语或结构造句（make sentences with given words or structures after examples）

1. 例句：看到乔丹又进了一个球，观众不禁热烈鼓掌。

   不禁：＿＿＿＿＿＿＿＿＿＿＿＿＿＿＿＿＿＿＿＿＿＿＿＿＿＿＿＿。

2. 例句：股票买卖，说到底就两个诀窍：要么买准优质股，要么买对强庄股；前者是长线,后者是短线。

说到底：_____。

3. **例句**：我们工厂位于广东省汕头市,服装生产在广东乃至全国都有名气。

乃至：_____。

4. **例句**：环境保护涉及子孙后代的生存和发展,这个道理不言而喻。

不言而喻：_____。

5. **例句**：截至2023年9月17日,特斯拉已经生产超过500万辆车。

截至：_____。

6. **例句**：当然,大众汽车也需要中国市场,因为中国既有相当规模的消费群体,又有丰富的人力资源。

当然,……,既……,又……：_____
_____。

五、口头表达（speaking practice）

说说为什么特斯拉在中国建厂是"双赢"项目。尽量使用以下词语：

新能源汽车　自主品牌　关键　核心　借鉴　市场　获益

六、写作（writing）

写一段话,介绍特斯拉是一家什么样的汽车制造商,300字左右。

延伸阅读材料（Extended Reading）

美国电动车及能源公司特斯拉

特斯拉是美国一家电动汽车及能源公司,总部位于美国加州旧金山附近的帕洛阿托。

该公司于2003年7月1日由马丁·艾伯哈德（Martin Eberhard）和马克·塔彭宁（Marc Tarpenning）共同创立。创始人将公司命名为"特斯拉",以纪念物理学家和发明家尼古拉·特斯拉（Nikola Tesla）。尼古拉·特斯拉是塞尔维亚裔美籍物理学家,也是发明家、机械工程师、电气工程师。他一生致力于科学研究,不断发明创造,取得约1 000项（一说700项）发明专利,一些发明或发现具有开创性。以他的名字命名了磁密度单位特斯拉（T）,表明他在磁学上的贡献。特斯拉公司的创办者以一位成就卓著的物理学家和发明家的名字命名公司和产品,寄托了他们不断创新、发展壮大的愿望。

特斯拉最初的创业团队主要来自硅谷,他们是用IT理念来造汽车,这与以底特律为代表的传统汽车厂商的思路完全不同。因此,特斯拉造电动车,常常被看作一个硅谷小子大战底特律巨头的故事。

1991年,美国通用汽车研发出第一款量产电动汽车并投放市场,由于投入与产出比不高,通用汽车宣布放弃。后来,参与通用电动汽车项目的工程师艾尔·科科尼(Al Cocconi)在加利福尼亚州建了一家电动汽车厂,并生产出供一人使用的铅酸电池车。当该公司经营陷入困境时,一名来自硅谷的工程师、资深车迷、创业家马丁·艾伯哈德为它投资了15万美元。作为交换,他希望科科尼尝试用数千块笔记本电脑的锂电池作为电动车的动力。换用锂电池后,电动车行驶里程超过了480公里。艾伯哈德劝说科科尼成立公司造这样的车,但科科尼无意成立动力为锂电池的汽车公司。于是,艾伯哈德决定自己来干。

艾伯哈德在寻找创业项目时发现,美国很多停放超级跑车的私家车道上会经常出现丰田混合动力汽车普锐斯(Toyota Prius)的身影。他认为,这些人不是为了省油才买普锐斯。用普锐斯只是这群人表达对环境问题不满,并想做出改变。于是,他有了将跑车和新能源结合的想法,设想的客户群就是这群有环保意识的高收入人士和社会名流。2003年7月1日,马丁·艾伯哈德与长期商业伙伴马克·塔彭宁合伙成立特斯拉汽车公司,并将总部设在美国加州硅谷地区。

公司成立后,特斯拉花了约五年时间打磨,才把第一款产品——两门运动型跑车Roadster推上市。在这期间,其主要时间和金钱花在了研发上。比如,特斯拉电动车引以为傲的续航能力,来自由七千多颗电池组成的电池包。这种电池包即使短路,也不会着火;电池包里个别电池损坏不会影响其他电池供电。特斯拉自己研制了电池控制系统,该系统能随时换上最先进的电池来装备特斯拉电动汽车。之后,公司陆续推出了Model S、Model X、Model Y、Model 3等产品。

2004年2月,埃隆·马斯克(Elon Musk)向特斯拉投资630万美元,条件是出任公司董事长、拥有所有事务的最终决定权,而马丁·艾伯哈德任公司的CEO。

注:以上延伸阅读材料主要根据百度百科词条"特斯拉"(https://baike.baidu.com/item/特斯拉/2984315?fr=ge_ala)、360百科词条"特斯拉"(https://upimg.baike.so.com/doc/1547542-1635952.html)等改写而成。

阅读上述材料,完成下列题目(read the passage and do the following exercises):

1. 特斯拉为什么要选择用一位成就卓著的物理学家和发明家的名字来命名公司和产品?

2. 简要介绍一下物理学家和发明家尼古拉·特斯拉。
3. 特斯拉电动车的第一款产品是针对什么消费层次的客户?
4. 特斯拉的电池控制系统有什么特点?
5. 说说你对特斯拉电动车的看法。

第十一课　非洲成为中国小商品外贸增长点

案例背景（Background）

中国浙江义乌小商品市场是目前全球最大的小商品批发市场，被称为"世界超市"。它拥有先进而发达的市场体系，已逐步形成"买全球货、卖全球货"的市场格局。非洲人口众多，拥有丰富的自然资源，是一个有潜力的国际贸易地区。

课文主要根据《众多非洲客商"淘金"中国"小商品之都"》(https://finance.china.com.cn/roll/20160114/3544835.shtml)改写而成。

课文（Text）

2015年，浙江省义乌市出口非洲地区的小商品货值达到492.1亿元，贸易额同比增长50.9%。非洲已经成为中国小商品外贸的重要市场，为小商品外贸发展增添了新动力。在中非小商品贸易快速增长的过程中，活跃着不少非洲商人。

几乎每天上午，38岁的塞内加尔青年苏拉都会开车来到义乌市某贸易公司。刚打开桌上的电脑，两部手机就接连响起，他轮番用中文、英语、法语接电话。2012年，在义乌国际贸易综合改革试点的背景下，苏拉成立了贸易公司，主要帮助超过300位塞内加尔客户在义乌采购商品。"这里到处是商机，比如在义乌采购的五金产品质量与在迪拜或香港采购的差不多，成本却低很多。"苏拉说。

义乌和非洲很有缘分。无数非洲人带着"淘金梦"来到义乌，他们在中国这座繁华的城市摸爬滚打，有很多和苏拉一样的非洲青年在义乌创业，把自己的梦想与中国紧紧联系在一起。

"对我来说，义乌是我的第二故乡。这里有我的事业，我的家庭，我的未来。"毛里塔尼亚商人西德这样描述他对义乌的感情。西德最初是一名来华留学生，其专业是船舶驾驶。后来，通过在中国的非洲商人牵线搭桥，西德"下海"经商。西德说，义乌很适合非洲商人,因为这里的产品种类丰富,很受故乡百姓喜爱。从帮别人"站柜台"卖货到拥有自己的贸易公司,从和妻子两地分居到定居义乌接来妻子、孩子共同生活,西德在义乌实现了淘金梦,也实现了家庭团圆梦。

义乌已经成为非洲外商贸易活动最频繁的地区之一。据统计,目前在义乌有来自非洲五十多个国家和地区的三千多名常驻外商,每年还有八万多非洲客商入境义乌。

统计显示,义乌出口非洲的商品主要涉及服装、鞋帽、玩具、机电等行业,出口地区包括埃及、阿尔及利亚、肯尼亚等五十多个非洲国家,出口非洲的小商品的增速远大于义乌市出口其他地区的平均增速。其中,在2015年的义乌小商品出口主要目标国中,埃及进入了前十名。

中国巨大的消费市场也给非洲商品带来了商机。从义乌海关了解到,2015年,义乌从非洲国家累计进口6.1亿元,同比增长65.3%。

在义乌国际商贸城五区的非洲进口馆,货架上展示着各种各样的非洲特产,有茶叶、钻石、木雕、牛角挂饰等,进口馆成了众多非洲客商展销非洲特色产品的中心。截至2017年1月,该馆共经营着来自非洲29个国家和地区的超过5 000种商品。以前,义乌人把小商品卖到非洲;现在,进口馆把非洲的商品和文化带到义乌,再通过义乌成熟的市场网络卖到中国各地。

课前预习题(Pre-reading Tasks)

1. 什么是小商品?请举例说明。
2. 查阅资料,收集义乌国际小商品市场的相关信息。

生词和词语表达(New Words and Expressions)

一、生词(new words)

课文中的生词

生词及词性	拼　音	汉语解释	英语翻译
批发 v.	pī fā	大量地或成批地出售(商品)	wholesale
体系 n.	tǐ xì	若干有关事物或某些意识互相联系而构成一个整体	system; structure

续 表

生词及词性	拼 音	汉语解释	英语翻译
格局 n.	gé jú	结构和格式	structure; layout
同比 v.	tóng bǐ	与以往同一时期相比，多指与上一年同一时期相比（区别于"环比"）	on year-on-year basis
增添 v.	zēng tiān	添加，增多	add
接连 adv.	jiē lián	一个(次)跟着一个(次)地	in succession; successively
轮番 adv.	lún fān	轮流(做某件事)	take turns
试点 v.	shì diǎn	正式做某项工作前先做小型试验，以便取得经验	carry out trial
五金 n.	wǔ jīn	指金、银、铜、铁、锡，泛指金属或金属制品	metal hardware
缘分 n.	yuán fèn	泛指人与人、人与事物、事物与事物之间发生联系的可能性；原指人与人之间命中注定的遇合机会	destiny; predestined relationship
淘金 v.	táo jīn	原意是用水选法去沙取金，比喻设法获取较多的钱财	gold washing; make a fortune
繁华 adj.	fán huá	(城镇、街市)繁荣热闹	flourishing; busy; bustling
船舶 n.	chuán bó	船(总称)	ships
下海 v.	xià hǎi	放弃原来的工作而经营商业	go into business
定居 v.	dìng jū	在某个地方固定地居住下来	settle
团圆 v.	tuán yuán	(夫妻、父子等)离散后又聚集在一起	reunion
常驻 v.	cháng zhù	经常居住	reside
入境 v.	rù jìng	进入国境	enter a country
涉及 v.	shè jí	牵涉到，关联到	involve
累计 v.	lěi jì	加起来计算，总计	accumulate; total
特产 n.	tè chǎn	某地或某国特有的或特别著名的产品	specialty; special local product

续 表

生词及词性	拼 音	汉语解释	英语翻译
钻石 n.	zuàn shí	经过琢磨的金刚石,是贵重的宝石	diamond
木雕 n.	mù diāo	在木头上雕刻形象、花纹的艺术,也指用木头雕刻成的工艺品	woodcarving
挂饰 n.	guà shì	有装饰作用的挂件	decorations; hangings
展销 v.	zhǎn xiāo	"展示推销"的缩略词,以展览的方式销售(多在规定的日期和地点)	exhibit for sale

二、短语、习语和专有名词(phrases, idioms and proper nouns)

1. 站柜台(idiom),zhàn guì tái

"柜台"(名词)是商店等售货营业用的装置,式样像柜子,但比柜子长,用木料、金属或玻璃板制成。"站柜台"即指营业员在商品柜台内侧卖货物。Serve behind the counter.

2. 摸爬滚打(idiom),mō pá gǔn dǎ

经受各种各样的艰苦磨炼。Go through arduous training or hard work.

3. 牵线搭桥(idiom),qiān xiàn dā qiáo

比喻从中撮合,使建立某种关系。To bring people together; bring sb. into contact with sb..

4. 义乌(proper noun),yì wū

浙江省的一个城市,也是小商品集散中心,被联合国、世界银行等国际权威机构确定为"全球最大的小商品批发市场"。Yiwu.

5. 塞内加尔(proper noun),sāi nèi jiā ěr

国名,位于非洲西部。Republic of Senegal.

6. 毛里塔尼亚(proper noun),máo lǐ tǎ ní yà

国名,位于非洲西北部。Mauritania.

7. 埃及(proper noun),āi jí

国名,位于非洲东北部。Egypt.

8. 阿尔及利亚(proper noun),ā ěr jí lì yà

国名,位于北非西部。Algeria.

9. 肯尼亚(proper noun)，kěn ní yà

国名，位于非洲东部。Kenya.

语言点学习（Grammar or Vocabulary Learning）

1. 接连

原文：刚打开桌上的电脑，两部手机就接连响起，他轮番用中文、英语、法语接电话。

用法："接连"放在动词或动词性词语的前面，意思是一次接着一次，一个接着一个。例如：

（1）他跟公司接连请了三次假。

（2）公司接连研发成功三种新产品，(它们)很快就会被投入市场。

（3）工厂接连购入几套大型设备，财务支出较多。

2. 轮番

原文：刚打开桌上的电脑，两部手机就接连响起，他轮番用中文、英语、法语接电话。

用法："轮番"放在动词或动词性词语的前面，意思是轮流(做某件事)。例如：

（1）就这样，每个组的选手轮番上阵，一轮比一轮激烈，一轮比一轮精彩。

（2）在每节电视剧结束后的几分钟内，商业广告轮番轰炸，不断地鼓动人们把注意力集中于商品的获取和消费。

（3）经过父母亲的轮番开导和鼓励，她最终决定来中国留学。

3. 通过……牵线搭桥，……

原文：后来，通过在中国的非洲商人牵线搭桥，西德"下海"经商。

用法："通过……牵线搭桥，……"是带介词结构和成语的动词性结构，陈述建立什么人脉或人际关系来开展工作。例如：

（1）通过网络平台为企业和求职者牵线搭桥，鼓励企业就近吸纳求职人员就业。

（2）通过母校牵线搭桥，许多大学生"村官"为当地发展引来了人才。

（3）通过工会牵线搭桥，邀请珠三角、长三角地区的世界500强在华企业来新区考察，促成了更多领域的交流合作。

4. 以前，……；现在，……

原文：以前，义乌人把小商品卖到非洲；现在，进口馆把非洲的商品和文化带到义乌，再通过义乌成熟的市场网络卖到中国各地。

用法："以前，……；现在，……"这两个表示时间的词语放在一起，用来对某件事的前后发展情况进行对比。例如：

(1) 以前，我们想的是如何吃饱；现在，我们想的是如何吃好。

(2) 以前，手机只是用来打电话、发短信；现在，手机不只是用来打电话、发短信，还可以用来网上购物、视频通话等。

(3) 以前，教育水平比较低，很多人只能接受基础教育；现在，教育资源丰富，人们可以接受更高水平的教育。

综合练习（Comprehensive Exercises）

一、根据课文内容回答问题（answer questions according to the text）

1. 为什么义乌会成为非洲进口小商品的主要来源地？
2. 义乌出口到非洲的商品主要有哪些？涉及哪些国家？
3. 义乌非洲进口馆（产品展销中心）和以往类似的产品展销中心有什么不同？

二、课堂讨论题（questions for discussion）

1. 你们国家有国际性的小商品市场吗？小商品主要是哪里生产的？
2. 如果你准备在你们国家开一家小商品贸易公司，你会选择哪一类商品？
3. 如果你在义乌国际商贸城销售你们国家的特色商品，你会选哪一类商品？

三、词语搭配（collocation of words）

例：**试点**（**试点**-经营连锁店/种植水果，**试点**-成功/失败，**试点**-一下/一段时间）
　　　（进行/开始-**试点**）

定居（**定居**-中国/上海/北京）（在北京-**定居**）

下海（**下海**-经商/做生意，**下海**-不久/好几年了/才2分钟）
　　　（已经-**下海**【经商/做买卖】，即将-**下海**、已经-**下海**【几分钟】）

人（现代/电影/病-人）

1. （　　　）（　　　）点（"……部分"义名词后缀）
2. （　　　）（　　　）额（"……数量"义名词后缀）
3. 批发（　　　）（　　　）
4. （　　　）（　　　）梦（"……梦想"义名词后缀）
5. 增添（　　　）（　　　）　　　6. 特产（　　　）（　　　）
7. 淘金（　　　）（　　　）　　　8. 繁华（　　　）（　　　）
9. 入境（　　　）（　　　）　　　10. 展销（　　　）（　　　）

四、模仿例句，用给定的词语或结构造句（make sentences with given words or structures after examples）

1. 例句：前一段时间接连下了几天大雨，缓解了北方地区旱情。
   接连：_____。

2. 例句：我和哥哥轮番劝说母亲，她自己有退休金，不需要再挣那几个辛苦钱了。
   轮番：_____。

3. 例句：通过志愿者的牵线搭桥，爱心公益超市的捐赠物资被及时送达困难群众手中。
   通过……牵线搭桥，……：_____。

4. 例句：以前，人们只能通过书信或电话联系远方的亲友；现在，互联网和智能手机让人们可以方便地与世界各地的人交流。
   以前，……；现在，……：_____
   _____。

5. 例句：2012年，在义乌国际小商品贸易综合改革试点的背景下，马克成立了五金贸易有限公司。
   在……背景下：_____。

6. 例句：在浙江义乌采购的五金产品质量与在迪拜采购的差不多，但成本却低很多。
   ……与……差不多：_____。

7. 例句：浙江义乌出口到非洲的主要商品涉及服装、机电、玩具等行业。
   涉及：_____。

五、口头表达（speaking practice）

在课堂上用一分钟时间，向同学们推销自己国家最有代表性的一种小商品。以实物或者图片展示，说明它的特点和价格，尽可能地将货物"卖"给同学。尽量使用以下词语：

贸易　故乡　特产　特色　产品　文化

六、写作（writing）

假如你是苏拉，你家乡塞内加尔的一个朋友想来义乌做生意，向你咨询有关情况。你会向他介绍义乌小商品贸易的哪些方面？如果他还想让你介绍一类值得经营的小商品，你会向他推荐什么？为什么？运用本课学习过的词汇写一封E-mail，300

字左右。

延伸阅读材料（Extended Reading）

义乌小商品市场

义乌小商品市场位于浙江省义乌市。小商品市场创建于1982年，营业面积约470万平方米，拥有商位7万个，从业人员超过21万。该市场经营16个大类、4 202个小类、33 217个细类、170万个单品。义乌小商品市场业务涵盖小商品流通与展示、信息发布等，被联合国、世界银行和摩根士丹利等权威机构称为"全球最大的小商品批发市场"。2013年，义乌小商品市场成交额达683亿元，连续23年登上全国专业市场榜首。

义乌小商品市场由中国义乌国际商贸城、篁园市场、宾王市场三个部分组成，几乎包括了工艺品、饰品、小五金、日用百货、电子电器、玩具、化妆品、副食品、钟表、纺织品、服装等所有日用工业品。物美价廉、品种丰富、特色鲜明，使该市场在国际上具有极强的竞争力。

义乌小商品市场是中国最大的小商品出口基地之一，已出口到219个国家和地区，年出口57万多个标准集装箱；有外国企业常驻代表机构数达3 059家，居全国县市首位；市场常驻外商超过1.3万名，联合国难民署、外交部等机构在义乌建立采购信息中心；有83个国家和地区在市场设立进口商品馆，形成了"买全球货、卖全球货"的市场格局。

2006年以来，中国商务部先后发布了义乌中国小商品城指数和"小商品分类与代码"行业标准，使义乌市场这个"世界超市"取得了全球小商品贸易定价、定标话语权，实现了由输出商品到输出标准和规则的飞跃。

义乌小商品市场物流发达，是浙江省三大物流中心之一。市场拥有超过200条联托运线路，直达中国国内200个大中城市；市场有6条铁路行包专列，建有浙江中部地区唯一的民用机场；水运便利，形成了公路、铁路、航空立体化的交通运输网络，日货物吞吐量达5 000吨以上。同时，市场开办海关办事处，开通"一关三检"，配套建设了国际物流中心、商城物流中心两个现代物流基地，物流基础设施先进，功能完善、高效。

义乌小商品市场拥有先进而发达的市场体系，会展业发起早、影响力大。市场有国际水平的大型展馆——总建筑面积4.6万平方米的会展中心，设5个展区，可容纳1 500个国际展位，配有国际会议厅、商务中心、咖啡吧等，每年承接不同规模的国际国内展会二十余个。中国小商品博览会自1995年开办以来,已办十七届。自2002年起,博览会升级为国家级外向型展会。2005年中国义乌国际小商品博览会展会成交额达80.98亿元,其中外贸成交额为6.61亿美元。义乌国际小商品博览会已成为中国劳动密集型商品的重要展会,以其经贸性、外向性和长效性而备受关注。

义乌小商品市场所在地是中国首个4A级国家购物旅游景区,2011年吸引超过959.2万人次旅游、观光、购物。义乌小商品市场管理规范,先后被国家质量检验检疫总局授予"重质量、守信用"市场,被国家市场监督管理总局授予"守合同、重信用市场""全国信用监管示范市场"等荣誉称号。

注:以上延伸阅读材料主要根据义乌小商品城官网(https://www.chinagoods.com/)信息、百度百科词条"中国义乌国际商贸城"(https://baike.baidu.com/item/中国义乌国际商贸城/736195?fr=ge_ala)、360百科词条"义乌小商品市场"(https://upimg.baike.so.com/doc/5356780-32319887.html)等改写而成。

阅读上述材料,完成下列题目(read the passage and do the following exercises):

1. 说说你所知道的义乌小商品市场情况。
2. 怎样理解义乌小商品市场"买全球货、卖全球货"的格局?
3. 为什么说义乌小商品市场是"世界超市"?
4. 说说义乌小商品市场的物流优势。
5. 义乌小商品市场在管理上有哪些成绩?

第十二课　中欧班列跑出"中国速度"

案例背景（Background）

中欧班列自2011年开行以来，受到国内外客户青睐，发展迅猛，规模数量出现井喷式增长。中欧班列的常态化、规模化营运，连接了活跃的东亚经济圈和发达的欧洲商贸圈，为货物生产商和贸易商提供了新的选择，有力地促进了中国对外开放，也促进了中国与共建"一带一路"国家的经贸往来。

课文主要根据《新疆霍尔果斯口岸进出境中欧（中亚）班列过千列》（https://baijiahao.baidu.com/s?id=1693088021554669547&wfr=spider&for=pc）、《中欧班列向世界输送"中国力量"　彰显大国责任担当》（https://baijiahao.baidu.com/s?id=1690899282298124256&wfr=spider&for=pc）等改写而成。

课文（Text）

2021年3月2日9时30分，一列满载着日用百货、机械配件、母婴用品的2017次中欧班列由新疆霍尔果斯铁路口岸出境，开往俄罗斯加里宁格勒，这是当年经霍尔果斯铁路口岸进出境的第一千列中欧（中亚）班列。

中欧班列从2011年3月19日开行以来，数量逐年增加，范围也不断扩大，发送货物越来越多。特别是在2020年以来全球"新冠"疫情影响下，中国开行的中欧班列逆势增长，及时为相关国家送去生活、生产及抗疫所需物资，跑出了"中国速度"。2021年前60天，经新疆霍尔果斯铁路口岸的中欧班列数达1 000列，用时比上一年缩短40天，体现了中国与欧洲更紧密的经济联系。

"新冠"疫情发生后，中国采取了有效措施，很快控制了疫情。企业及时复工复产，成为全球主要经济体中唯一实现经济正增长的国家。在满足国内百姓生产、生活及防疫需求的同时，中国也为其他国家的民生需求和抗疫提供大量物资上的帮助，显示了中国经济发展的强劲动力。

根据近年来中欧班列的发展趋势,中国铁路管理部门着力在硬件和软件上下功夫,提高服务质量。一方面,对口岸进行改造,提升了口岸换装、接发车能力。另一方面,加强与海关、边检等单位的协调配合,减少中间环节,加快了通关速度。在运输管理上提高效率使中欧班列的运输能力得到了快速增强。

根据法新社的报道,2020年中国已经超过美国,成为欧盟最大的贸易伙伴。中欧班列把欧洲人民喜爱的中国茶叶、服装、电子产品、塑料制品、汽车及配件、服装皮毛制品、日用电器、玻璃制品、毛巾等日常生活用品运到欧洲,满足了欧洲人民日常消费需求。欧洲国家企业通过中欧班列向中国出口商品,如西班牙红酒、波兰牛奶、德国汽车等。越来越多的回程货搭上了中欧班列,进入中国市场,加速了中欧经济融合,造福了沿线国家人民。

在全球化的今天,中国已融入世界大家庭,中国发展与其他国家发展互相依靠。中国越发展,越能为世界作贡献。在全球遭受"新冠"疫情冲击之际,作为"世界工厂"的中国,在努力为世界各国人民提供力所能及的帮助。满载民生物资的中欧班列不但跑出了"中国速度",而且向欧洲各国传递了"中国温度"。

课前预习题（Pre-reading Tasks）

1. 你听说过中欧班列吗？它起什么作用？
2. "一带一路"沿线有哪些国家？哪些国家开通了中欧班列？

生词和词语表达（New Words and Expressions）

一、生词(new words)

课文中的生词

生词及词性	拼　音	汉语解释	英语翻译
青睐 v.	qīng lài	〈书面语〉用正眼(黑眼珠)看人,表示喜爱或看重。青:黑眼珠;睐:看	favour
井喷 n.	jǐng pēn	原指钻井时地下的高压原油、天然气突然大量从井口喷出;比喻某种事物在某一时间达到高潮或火爆状态	surge; blowout

续 表

生词及词性	拼 音	汉语解释	英语翻译
常态 n.	cháng tài	正常或平常的状态	normality; ordinary state
沿线 n.	yán xiàn	靠近铁路等交通线的地方	along the line
经贸 n.	jīng mào	"经济贸易"的缩略词	economy and trade
口岸 n.	kǒu àn	人员、货物和交通工具出入国境的港口、机场、车站、通道等边境关卡	port; customs
出境 v.	chū jìng	离开国境	leave the country
进出 v.	jìn chū	进来和出去	pass in and out
逐年 adv.	zhú nián	一年一年地	year after year
疫情 n.	yì qíng	流行性传染病发生和流行的情况	epidemic; pandemic
逆势 n.	nì shì	与某一趋势相反的变化	against the trend; move in the opposite direction
抗疫 v.	kàng yì	抵抗传染病并阻止其流行	fight epidemic; anti-epidemic
物资 n.	wù zī	生产上和生活上所需要的物质资料	supplies; goods
防疫 n	fáng yì	预防传染病	epidemic prevention
民生 n.	mín shēng	"人民生计"的缩略词,人民维持生活的办法和门路	the people's well-being
强劲 adj.	qiáng jìng	强有力的	strong; powerful
着力 v.	zhuó lì	用力,努力,致力	try hard, make an effort
换装 v.	huàn zhuāng	"更换包装或装备"等的缩略词	reload; transship
边检 n.	biān jiǎn	"边防检查"的缩略词	border inspection
通关 n.	tōng guān	"通过海关关口"的缩略词,指货物或个人经过海关检查,符合规定后被允许进入或离开一个国家的过程	customs clearance
塑料 n.	sù liào	以天然树脂或合成树脂为主要成分制成的高分子化合物	plastics
制品 n.	zhì pǐn	制造成的物品	product

续　表

生词及词性	拼　音	汉语解释	英语翻译
配件 n.	pèi jiàn	装配机器的零部件	component；part
回程 n.	huí chéng	返回的路程，即从出发地到目的地再返回出发地的旅行	return journey
造福 v.	zào fú	给人带来幸福，(为别人)谋求幸福	bring benefit to
遭受 v.	zāo shòu	遇到(不幸)，受到(损害)	suffer
冲击 v.	chōng jī	比喻严重干扰或打击	blow；impact

二、短语、习语和专有名词（phrases, idioms and proper nouns）

1. 机械配件（phrase），jī xiè pèi jiàn

"机械"（名词）指利用力学原理组成的各种装置或制造出的产品，"配件"（名词）指装配机械的零件或部件。"机械配件"意思为：可装配机械产品的零件或部件。Mechanical parts or components.

2. 母婴用品（phrase），mǔ yīng yòng pǐn

"母婴"（短语）意思是母亲和婴儿，"用品"（名词）意思是使用的物品。"母婴用品"意思为：母亲和婴儿使用的物品，这类用品在环保和健康上要求较高。Products for mothers and infants.

3. 主要经济体（phrase），zhǔ yào jīng jì tǐ

在全球经济总量中所占份额较多、起重要作用的国家或区域，如美国、欧盟、中国、日本等。Major economies.

4. 下功夫（idiom），xià gōng fu

为了达到某个目的而花费很多的时间和很大的精力。Work hard；make great efforts.

5. 力所能及（idiom），lì suǒ néng jí

能力可以做到的。Within one's power；to the best of one's ability.

6. 中欧班列（proper noun），zhōng ōu bān liè

由中国铁路总公司组织，按照固定车次、线路、班期和全程运行时刻开行，运行于中国与欧洲以及"一带一路"沿线国家间的集装箱式国际联运列车。因亚欧大陆在地理上是一体的，所以亚欧地区是中铁快运主要的国际业务范围。China-Europe

Railway Express(简称 CER Express)。

7. 新疆霍尔果斯(proper noun), xīn jiāng huò ěr guǒ sī

霍尔果斯口岸是中国新疆最大的陆路与铁路综合性口岸,位于伊犁哈萨克自治州霍尔果斯市,与哈萨克斯坦隔霍尔果斯河相望。Khorgos, Xinjiang.

8. 俄罗斯加里宁格勒(proper noun), é luó sī jiā lǐ níng gé lè

位于桑比亚半岛南部,是俄罗斯加里宁格勒州首府。Kaliningrad, Russia.

语言点学习（Grammar or Vocabulary Learning）

1. 受到……青睐

原文：中欧班列自 2011 年开行以来,受到国内外客户青睐,发展迅猛,规模数量出现井喷式增长。

用法："受到……青睐"是动词性框式结构,表示对前面提到的某人或某事物喜爱或看重。例如：

（1）新款游戏贴近当代年轻人的生活情景,一上市就受到了他们青睐。

（2）这款产品质量稳定,节能效果明显,受到消费者青睐。

（3）该大学在信息技术领域声誉高,受到硅谷科技公司青睐。

2. 逐年

原文：中欧班列自 2011 年 3 月 19 日开行以来,数量逐年增加,范围也不断扩大,发送货物越来越多。

用法："逐年"是副词,放在动词或动词性词语前面,意思为一年接着一年地。例如：

（1）该公司网上营业收入逐年增长,去年 3 380 万元,今年 4 190 万元,增长了约 24%。

（2）从总体情况看,上市公司的经营业绩不容乐观,最突出的问题是这些公司的亏损面和亏损额有逐年增加的趋势。

（3）随着人们生活水平的提高,出境游的家庭和团队逐年增多,旅游内容也从单一景点观光转变为体验当地风俗文化。

3. 根据……的报道

原文：根据法新社的报道,2020 年中国已经超过美国,成为欧盟最大的贸易伙伴。

用法："根据……的报道"是框式介词结构,意即通过报纸等媒体或媒体机构把新闻告诉读者、观众或听众。例如：

（1）根据中国主流媒体的报道,第十九届亚洲运动会已于2023年9月在杭州举办。

（2）根据新加坡《联合早报》的报道,第十九届亚洲运动会媒体中心既有数码高科技设备,又有国画、青瓷、茶艺和扇艺等具有中国特色、江南韵味的文化元素。

（3）根据全球知名财经媒体《华尔街日报》的报道,从2024年开始,美国将对球赛、演唱会等转售门票征税,税率为10%～37%。

4. 在……之际

原文：在全球遭受"新冠"疫情冲击之际,作为"世界工厂"的中国,在努力为世界各国人民提供力所能及的帮助。

用法："在……之际"是表示时间的框式介词结构,介词结构框里的待填内容是对时间的具体描述;整个介词结构的意思是在什么时候,为陈述后面具体事情提出时间背景。例如：

（1）每年在植树节到来之际,全国各地便陆续掀起植树造林的热潮。

（2）在毕业即将离校之际,真诚地祝愿我的同学前程似锦、老师事业有成、母校发展蒸蒸日上。

（3）在第十九届亚运会开幕之际,来自亚洲各地的运动员陆续走进了亚运会开幕式场馆。

综合练习（Comprehensive Exercises）

一、根据课文内容回答问题（answer questions according to the text）

1. 中欧班列运营对沿线相关国家和地区的经济发展有什么意义?
2. 2020年全球主要经济体的经济发展情况怎么样?
3. 中国铁路管理部门是如何提高中欧班列服务质量的?
4. 中欧班列从中国运到欧洲的主要货物品种有哪些?从欧洲运往中国的主要货物品种有哪些?

二、课堂讨论题（questions for discussion）

1. 查阅世界地图,标注出2017次中欧班列沿线经过的国家和城市。
2. 在中欧经济贸易来往中,你认为中欧班列起到了哪些作用?
3. 如果你们国家在中欧班列沿线,你觉得哪些物品可以从中国进口?哪些物品可以出口到中国?
4. 如果你是亚欧大陆国家而没有通往中国的国际铁路,你觉得有必要开通类似的国际贸易班列吗?

三、词语搭配(collocation of words)

例：**出境**(**出境**-旅游/学习)(已经/没有/即将-**出境**)

　　冲击(**冲击**-房市/股市,**冲击**-冠军/世界杯,**冲击**-很大/明显)

　　　(受到/避免-**冲击**,股市/房市-的**冲击**)

　　店(食品/药/酒-**店**)

1. 沿线(　　　)(　　　)
2. (　　　)(　　　)化("……变化"义动词后缀)
3. (　　　)(　　　)圈("……范围、区域"义名词后缀)
4. 逆势(　　　)(　　　)　　5. 着力(　　　)(　　　)
6. 边检(　　　)(　　　)　　7. 制品(　　　)(　　　)
8. 配件(　　　)(　　　)　　9. 造福(　　　)(　　　)
10. 遭受(　　　)(　　　)

四、模仿例句,用给定的词语或结构造句(make sentences with given words or structures after examples)

1. **例句**：这所大学在应用经济学领域颇有名气,毕业生受到证券等金融公司青睐。

   受到……青睐：_____。

2. **例句**：商品房库存逐年增长是房屋属性所致,因为房屋不是易耗品,使用期限基本上在几十年甚至上百年。

   逐年：_____。

3. **例句**：根据国际多家主流媒体的报道,第十九届亚洲运动会将于2023年9月在杭州举办。

   根据……的报道：_____。

4. **例句**：在中国农历新年来临之际,每家每户都要提前准备好年货,红红火火、热热闹闹地过新年。

   在……之际：_____。

5. **例句**：在疫情的严重影响下,不少企业经营状况堪忧,但有些却能逆势增长。

   在……影响下：_____。

6. **例句**：在满足国内市场需求的同时,该公司的产品也出口到欧美等地,公司的生产规模进一步扩大。

在……的同时：_____。

五、口头表达(speaking practice)

向你的朋友简单介绍一下中欧班列的开行情况，以及它为中国和沿线国家经贸往来发挥的作用。尽量使用以下词语：

开行　口岸　经贸　进/出口　市场需求　民生　造福

六、写作(writing)

假如你们国家在中欧班列沿线，你准备开一家贸易公司，请中国朋友采购一批商品，通过中欧班列运输。给你的中国朋友写一封信，具体说明这件事，300字左右。

延伸阅读材料（Extended Reading）

中欧班列

中欧班列是往来于中国与欧洲、共建"一带一路"国家的集装箱式国际铁路联运班列。中欧班列铺划了西、中、东三条通道运行线路：西部通道由中国中西部，经阿拉山口（霍尔果斯）出境；中部通道由中国华北地区，经二连浩特出境；东部通道由中国东北地区，经满洲里、绥芬河出境。

新疆阿拉山口口岸通行的中欧班列线路，可到达德国、比利时、波兰等21个国家和地区，实现"连点成线""织线成网"。班列搭载货物品类超过200种，主要出口货物为电子产品、日用百货等。返程货物主要为汽车及配件、机械产品、棉纱等。截至2023年6月17日，阿拉山口口岸已通行中欧班列超3 000列，通行的中欧班列线路累计达104条。

内蒙古二连浩特铁路口岸是中蒙俄经济走廊，也是中欧班列中线通道上的关键节点。自2013年开行首列中欧班列以来，途经二连浩特铁路口岸的中欧班列，连接德国、波兰、俄罗斯、白俄罗斯、蒙古国等十多个国家的六十多个地区。二连浩特铁路口岸在国内覆盖全国中欧班列大部分首发城市，并集聚了天津、安徽、湖南等十余个省市的货源。经该铁路口岸出入境班列线路已增至68条，累计开行数量突破12 000列。

中欧班列经满洲里、绥芬河口岸进出境线路目前已达21条，其中去程线路10条，返程线路11条，主要集货地包括我国东南部沿海地区，覆盖天津、长沙、广州、苏州等60个城市。东线中欧班列通达欧洲13个国家，运输货物种类也日益丰富。经东部通道开行中欧班列运输的货品已拓展至日用百货、电器产品、工业机械、金属、农副产品等种类,运输附加值明显增加,国际贸易通道作用进一步凸显。截至2022年1月17日,经中欧班列"东通道"满洲里和绥芬河口岸进出境的中欧班列累计开行15 001列、发送货物1 379 421标准箱,实现自2013年首趟中欧班列经满洲里口岸出境以来,开行数量突破1.5万列大关,为确保国际产业链供应链稳定畅通、构建新发展格局做出了积极贡献。

2011年3月,首趟中欧班列从重庆发出,开往德国杜伊斯堡,开启了中欧班列创新发展的序章。10年来,中欧班列开行累计突破4万列,仅2020年一年就突破了"万列"大关,合计货值超过2 000亿美元,打通了73条运行线路,通达欧洲22个国家的逾160个城市。中欧班列为数万家中外企业带来商机,为沿线数亿民众送去实惠,开创了亚欧陆路运输新篇章,铸就了沿线国家互利共赢的桥梁纽带。特别值得一提的是,"新冠"疫情发生以来,中欧班列这支钢铁驼队肩负起"生命通道"的神圣使命,累计向欧洲发运1 199万件、9.4万吨防疫物资。

中欧班列是"一带一路"的重要组成部分,它的欣欣向荣充分说明"一带一路"建设正在彰显愈加强大的韧性和旺盛活力。

注:以上延伸阅读材料主要根据百度百科词条"中欧班列"(https://baike.baidu.com/item/中欧班列/15832643?fr=ge_ala)改写而成。

阅读上述材料,完成下列题目(read the passage and do the following exercises):
1. 说一说首趟中欧班列的开行情况。
2. 简要介绍中欧班列铺划的西、中、东三条通道运行线路。
3. 说一说中欧班列在货物贸易上的重要作用。
4. 查阅相关资料,说一说中欧班列的运行特点。
5. 说一说你所知道的中欧班列的其他情况。

五、信息技术下企业发展
Part V Enterprise Development Driven by Information Technology

第十三课　洋河的微信朋友圈营销策略

案例背景（Background）

当代智能科技带动企业经营模式从传统的"产品经济"向新形态的"客户经济"与"系统经济"转变，后两种模式多以互联网平台为媒介。以"连接一切"为目标的微信超级平台，有巨大的用户数量带来的高流量优势。使用微信平台，既可以提高企业的经营效率，也能为人们多方位的生活提供便利。

课文主要根据《洋河的微信朋友圈营销策略》(https://wenku.baidu.com/view/f5dbe672834d2b160b4e767f5acfa1c7ab008270.html?_wkt)改写而成。

课文（Text）

很多企业看上了微信的粉丝群，纷纷在微信营销上施展拳脚。在酒类行业中，洋河是第一家"吃螃蟹"的企业。它先是入驻微信，开创了中国酒业第一家掌上购酒平台；又向新媒体迈出重要的一步，创建了行业最大的粉丝社群；还抓住微信朋友圈强大的社交功能，成了在该软件朋友圈做广告的第一家酒类企业。

巧用微信朋友圈开展互动传播

2015年6月11日，微信朋友圈推送了有史以来的第一条白酒广告——"微"你而生。"洋河微分子"白酒登陆朋友圈，在亿万名目标用户群里亮相，"喝过的都说好，没喝过的都在找"，很快，朋友圈里掀起了刷屏的热潮。

继宝马中国、可口可乐等第一批朋友圈广告上线后，"洋河微分子"成为第一个出现在朋友圈中的酒类品牌。网络传播方面的专业人士认为，在微信朋友圈投放广告，一方面宣传了企业的产品，另一方面展示了企业的形象和实力。此外，因为微信朋友圈有极高的关注度，很容易形成社会性热点，并引发第二、三次传播，所以，洋河此举可谓一箭双雕。

创建酒业最大的消费者互动平台

"互联网＋"促进了创建品牌和经营粉丝过程的高度融合。面对有巨大力量的粉丝,哪一个品牌敢说自己不需要粉丝呢?洋河依靠双微(微信、微博)平台,不断推进线上的粉丝经营策略,目前已经形成中国酒业最大的粉丝平台。在2015年中国企业双微排行榜上,洋河名列前茅。有关数据显示,洋河在白酒行业的双微榜上一直排名第一。

洋河微信服务号"洋河1号"是目前中国酒业粉丝规模最大的微信服务号,拥有300万粉丝。通过这个平台,客户能够便捷地购买洋河酒。下单后,洋河微信服务商将订单直接交给距离消费者最近的"洋河1号"快递小哥,30分钟内完成送货服务。

创立互动营销新模式

粉丝们更看重的是通过微信服务号能为自己带来什么价值。在南京的一次腾讯官方微信公开课上,讲师引导大家打开洋河"蓝色经典"的包装,扫描酒瓶上的二维码,查询这瓶白酒的有关信息,如生产日期、产品成分、产地及真假等,还能抢到商家送出的红包,现场一位粉丝幸运地抢到了8元现金。

事实上,洋河不断尝试推出新的互动营销模式,像这样依托微信、微博等平台开展的活动还有很多。比如通过"粉丝抢票""互动游戏""个人定制酒""微社区""促销活动"等形式与粉丝互动,为粉丝带来"有趣、有利"的价值,增强了粉丝黏性。这些活动拉近了消费者与洋河的距离,既增加了商品的销售数量,又提升了企业的服务水平。

课前预习题（Pre-reading Tasks）

1. 你有微信账号吗?说说你常用到微信的哪些功能。
2. 查阅资料,了解什么是粉丝社群。你有没有加入过粉丝社群?

生词和词语表达（New Words and Expressions）

一、生词(new words)

课文中的生词

生词及词性	拼　　音	汉语解释	英语翻译
流量 n.	liú liàng	文中指网络流量,在单位时间内网络上传输的数据量	network flow

续 表

生词及词性	拼 音	汉语解释	英语翻译
粉丝 n.	fěn sī	狂热的爱好者	fans
拳脚 n.	quán jiǎo	原指拳术等武功；文中指企业在营销上采用新方法，展现新技能	Chinese boxing；(fig.) skill
入驻 v.	rù zhù	住进去，进入	settle in; enter
掌上 n.	zhǎng shàng	本指手掌上，现在多指在手机上	handheld
社群 n.	shè qún	"社会群体"的缩略词	community; social groups
社交 n.	shè jiāo	社会上人与人的交际往来	social contact
登陆 v.	dēng lù	比喻商品进入某地市场销售	login; land
亮相 v.	liàng xiàng	比喻人或事物公开露面	appear in public
掀起 v.	xiān qǐ	使大规模地兴起	cause to rise on a large scale
刷屏 v.	shuā píng	在网上短时间集中发送大量内容重复或相似的信息，使屏幕被覆盖	flood; take over
投放 v.	tóu fàng	投入、放进，即把资金等用于经营	put (money) into circulation; put (goods) on the market
热点 n.	rè diǎn	比喻在一定时期内引人关注的事物或地方	hot topic; hot point
引发 v.	yǐn fā	引起，触发	spark; cause
榜 n.	bǎng	排行榜	ranking
看重 v.	kàn zhòng	很看得起，看得很重要	think highly of
扫描 v.	sǎo miáo	对着物体移动采集信息的电子设备，识别物体上的信息	scan
产地 n.	chǎn dì	(物品)出产的地方	place of production
依托 v.	yī tuō	依靠	rely on
互动 v.	hù dòng	互相作用，互相影响	interact
黏性 n.	nián xìng	文中指商家与客户的紧密关系和相互信任	cohesiveness; stickiness

二、短语、习语和专有名词(phrases, idioms and proper nouns)

1. 真假(phrase), zhēn jiǎ

判断是真实的,还是虚假的。True or false.

2. 第一个吃螃蟹的(人)(idiom), dì yī gè chī páng xiè de (rén)

螃蟹形状可怕,丑陋凶横,第一个吃螃蟹的人需要勇气。比喻有勇气的(人)。The first person to eat crabs; courageous.

3. 有史以来(idiom), yǒu shǐ yǐ lái

自有历史记载以来。Since the beginning of history.

4. 一箭双雕(idiom), yī jiàn shuāng diāo

比喻做一件事,达到两个目的。Kill two birds with one stone; achieve two things at one stroke.

5. 名列前茅(idiom), míng liè qián máo

名次排在前面。At the top of the list; rank among the best.

6. 朋友圈(proper noun), péng yǒu quān

微信上的一个社交功能。用户可以通过朋友圈发表文字和图片,其他用户可以对好友新发的文字或图片进行"评论"或"赞"。WeChat Moments.

7. 洋河(proper noun), yáng hé

中国江苏的白酒品牌。Yanghe liquor.

8. 互联网+(proper noun), hù lián wǎng jiā

一种将互联网与传统行业相结合的发展模式,通过互联网技术和平台,实现传统行业的升级和创新。Internet Plus.

9. 腾讯(proper noun), téng xùn

中国的一家互联网高科技公司,业务内容包括社交和通信,产品有QQ及微信/WeChat等。Tencent.

10. 微博(proper noun), wēi bó

微博客的简称,是一个基于用户关系信息分享、传播以及获取的平台。Microblog.

11. 二维码(proper noun), èr wéi mǎ

某种按一定的规律在平面(二维方向)上分布、黑白相间、记录数据符号信息的图形。2-dimensional bar code.

语言点学习（Grammar or Vocabulary Learning）

1. 继……之后

原文： 继宝马中国、可口可乐等第一批朋友圈广告上线后，"洋河微分子"成为第一个出现在朋友圈中的酒类品牌。

用法： "继……之后"框式结构的意思是在发生某事之后，框里待填的内容是对所发生事情的具体描述，后面句子陈述在上述背景下发生的具体事情。例如：

（1）上海世博会是继北京奥运会之后，中国举办的又一场大型的国际盛会。

（2）继中国加入世界贸易组织之后，又有一些国家加入了这个国际性的经济组织。

（3）继开播《人与自然》之后，中央电视台又开播了一些科教自然类节目。

2. 有史以来

原文： 2015年6月11日，微信朋友圈推送了有史以来的第一条白酒广告——"微"你而生。

用法： "有史以来"意思是自有历史记载以来，常用于陈述重要事件在时间上的价值。例如：

（1）2008年8月，北京成功举办夏季奥运会，这是有史以来在中国举办的规模最大的一次运动会。

（2）进入工业化社会以后，人类正面临着有史以来最复杂的温室效应加剧、自然灾害增加的难题。

（3）信息产业变革是人类有史以来最重要的一次革命，人们生活的方方面面几乎都受到它的影响。

3. 名列前茅

原文： 在2015年中国企业双微排行榜上，洋河名列前茅。

用法： "名列前茅"源于中国古代行军时有人拿着茅当旗子，走在队伍的前面；后引申为名次排在前面，比喻成绩等很突出。例如：

（1）格力空调的销售额在空调行业中名列前茅。

（2）这款产品在销售榜上名列前茅，公司决定提高产量，以满足市场需求。

（3）这家餐厅的菜品评价一直名列前茅，吸引了很多顾客前来品尝。

综合练习（Comprehensive Exercises）

一、根据课文内容回答问题（answer questions according to the text）

1. 企业为什么要在微信营销上下功夫？
2. 洋河在微信营销上有哪些创新措施？在微信朋友圈推出广告后，观看者的反应怎样？
3. 网络传播界人士认为在微信朋友圈投放广告有什么意义？
4. 洋河微信服务号能给消费者带来哪些便利？
5. 洋河为什么重视消费者互动平台的建设？互动营销模式取得了哪些效果？

二、课堂讨论题（questions for discussion）

1. 你有没有关注过微信朋友圈里的商业广告？哪个广告给你留下过较深的印象？
2. 你会加入微信朋友圈里的企业粉丝社群吗？为什么？
3. 如果你是商家，你会在微信朋友圈投放广告吗？为什么？
4. 你会在微信服务号里购物吗？与淘宝、京东等其他电子商务平台相比，在微信服务号购物有什么异同？

三、词语搭配（collocation of words）

例：**掀起**（掀起-消费热潮/全民运动）（已经/即将-掀起）

看重（看重-研发能力/公司实力/市场潜力）（很/不-看重）

1. 流量（　　）（　　）　　2. 粉丝（　　）（　　）
3. 拳脚（　　）（　　）　　4. 刷屏（　　）（　　）
5. 登陆（　　）（　　）　　6. 投放（　　）（　　）
7. 扫描（　　）（　　）　　8. 亮相（　　）（　　）
9. 互动（　　）（　　）　　10. 黏性（　　）（　　）

四、模仿例句，用给定的词语或结构造句（make sentences with given words or structures after examples）

1. 例句：继开播《百家讲坛》之后，中央电视台又开播了一些文化讲座类节目。

   继……之后：_____。

2. 例句：1942年12月，人类有史以来的第一台核反应堆在芝加哥大学建成，由

124

此开启了原子能时代。

有史以来：_____。

3. **例句**：中国智能手机市场份额变化不大，华为仍名列前茅。

名列前茅：_____。

4. **例句**：在创业路上，我们要推陈出新，有勇气去做第一个吃螃蟹的人。

第一个吃螃蟹的(人)：_____。

5. **例句**：在微信朋友圈投放广告，一方面宣传了企业的产品，另一方面展示了企业的形象，这些都有助于产品销售。

一方面……，另一方面……：_____。

6. **例句**：洋河不断尝试新的互动营销模式，依托微信、微博等平台，使产品销售紧贴当代信息传播技术的脉搏。

依托：_____。

五、口头表达（speaking practice）

说一说你使用微信服务号（或微信小程序）购物的体验，内容包括你想到用微信服务号（或微信小程序）购物、下单的过程，收到货物后的感受。尽量使用以下词语：

微信朋友圈　品牌　广告　粉丝　实力　互动　服务

六、写作（writing）

为你喜欢的品牌设计一个在微信朋友圈投放的营销广告，突出品牌特点、优势、实力，300字左右。

延伸阅读材料（Extended Reading）

微信的生态系统

2011年1月，腾讯公司推出了手机应用程序——微信，向用户提供即时免费通信服务。2023年6月，微信已更新到8.0.37版本。目前，微信几乎集合了只需要一部手机就能处理人们日常事务的绝大部分功能，成为一个超级App（application，应用软件），微信的生态系统已经初步形成。

据腾讯公司公布的2023年第一季度财报显示，微信（包括WeChat）的月活跃账户数达到13.19亿。用户数量发展之快，足以证明微信的实力。巨大的用户数量给微信带来了无数商机，也使它的发展越来越多元化。对于用户来说，与其说微信是一个社交软件,不如说它是一个移动端媒体的超级平台——众多企业账号、自媒体活跃在其中。这一平台除了最初的通信交流功能外,用户还可以选择性地关注并阅读感兴趣的信息,为人们提供了一种新的生活及工作方式。

运营微信这个超级平台需要包括技术、资金等的持续支持,平台自身的成长能力建设尤为重要。信息科学发展为微信平台建设提供了技术基础,维持平台运营和发展则需要相当规模的资金。生活服务、金融服务、游戏与小程序等业务是微信的创收来源。以上这些业务虽有交叉,但都围绕"连接一切"这个目标,即在连接一切人的基础上,连接与人的生活和工作相关的一切功能。

微信从使用这一平台的商家获得收益。微信为商家打造了便利、有效的营销工具——公众号与第三方API(Application Programming Interface,应用程序编程接口),还为商家提供了安全、便捷的交易模式——微信支付。微信通过公众号等栏目,依靠巨大的用户量带来的点击率,吸引品牌广告的投放。根据商户需求,微信现在可以接入多种应用。这些应用涵盖了人们日常生活的各个方面,包括娱乐和游戏。这些应用又能很好地实现商户与客户的互动,以及管理咨询。软件应用的合作商户需要向微信支付费用来扩大自己在平台上的服务内容,提高产品知名度。

微信通过金融服务取得收益。微信推出支付、理财以及会员卡等服务项目,以方便微信平台的交易。在中国,微信支付是支付宝之外的另一种重要的互联网支付手段。微信理财在帮助企业筹资的同时,收取企业服务费。会员卡是微信商业化的第一个重要产品,微信的微生活服务可以深度融入商家的CRM(Customer Relationship Management,客户关系管理)系统中。会员卡基于时间、用户日常消费习惯及用户的地理位置,推荐周边商家的微信信息,帮助消费者查找附近的商家,推送相关生活服务信息,以收取广告费用。

以"连接一切"为目标的微信超级平台,一环扣一环,形成了与人们日常生活服务高度契合的生态系统般的盈利模式。它从一个人与人交流的工具,逐渐进化成一个连接人、硬件和服务的涵盖日常生活方方面面的平台。这一超级平台扩大了人的行动范围,使人们的日常生活更加便捷,也提高了企业的经营效率。当微信绑定生活方式后,人们就真的离不开它了。

智能科技带动企业经营模式从传统的"产品经济"向新形态的"客户经济"和"系统经济"转变。微信利用十多亿用户的大流量优势,以小程序、视频号、微信支付、企业微信以及"搜一搜"等构建的数字工具体系,打造了"C+B连接器"微信生态系统,为人们提供了多方位的生活服务平台。

注:以上延伸阅读材料主要根据百度百科词条"微信"(https://baike.baidu.com/item/微信/3905974?fr=ge_ala)改写而成。

阅读上述材料,完成下列题目(read the passage and do the following exercises):

1. 概述你对微信生态系统的理解。
2. 说一说你使用微信的感觉。
3. 腾讯是怎样维持微信这个超级平台的运营和发展的?
4. 智能科技带动企业经营模式迈向"客户经济"和"系统经济"新形态,微信是怎样实现这一转变的?
5. 说一说你所知道的微信的其他情况。

第十四课　美团扩张，大商无界

案例背景（Background）

企业多个业务共享剩余资源，能使企业减少成本或增加收益，此为范围经济（economies of scope）现象。范围经济常被用作企业采取多样化经营战略的理论依据。在IT行业中，采用范围经济经营战略更能增强企业的竞争优势。

课文主要根据《一篇文章读懂美团的"八爪鱼"式扩张战略》(https://www.163.com/dy/article/DP3K10730511DG18.html)改写而成。

课文（Text）

2018年9月20日，中国最大的生活服务电商平台——美团成功登陆港交所。从当初的团购，到外卖、酒店、旅游、民宿、电影和生鲜等，美团的多元化发展使公司业务超过200个生活服务种类。美团看似多元化，实际上却是专业化的延伸。有人说，美团就像一条"八爪鱼"，有着像阿里巴巴和腾讯当年以核心业务为基础，布局多产业帝国的雄心。其实，不只是互联网企业，近年来就连华为、格力等传统企业，也逐渐开始采取多元化的发展策略，拓展新业务。

在如今的商业时代，企业为什么要多元化发展？

很多时候，企业存在剩余资源。但是，这些资源已融入企业内部组织，不易出售或出租。通过多元化发展，拓展经营范围，开发并利用这些资源，是企业获利的重要途径。企业利用现有剩余资源，发展相关产业，从而实现范围经济。范围经济，指的是企业经营范围扩大带来的经济效益，本质在于企业对多个业务可共享的剩余资源的利用，能给企业带来成本的减少或收益的增加。在IT行业中，采用范围经济经营战略能增强企业的竞争优势。

范围经济通常包括共享活动、共享核心能力两个方面。

先谈共享活动。一家公司里多种不同的业务之间通常存在多种共享活动。利用好共享活动，可以为公司降低成本或提高收入。比如，"交叉销售"是一种共享活动，美团把这一共享活动发挥到了极致：该公司在团购业务之后形成了两大业务，一是吃，二是住。吃与住是人们的日常需求，在旅行活动中，它们密切相关，可以共享企业销售行为。娱乐也可以跟吃、住关联，也能共享销售行为。

再说共享核心能力。核心能力是企业的核心竞争力，它有三个本质特征：一是难以被竞争对手模仿，二是能为客户创造价值，三是可以发展其他业务。核心能力是多元化的基础，它能使企业不断发展壮大。美国企业如亚马逊、谷歌等科技公司，在过去几十年的快速发展过程中，都是从原点出发，不断扩大经营范围。在国内企业中，百度、阿里巴巴、腾讯分别以搜索、网购、即时通信为原点，不断拓展边界，发展成为互联网巨头。

美团的商业模式也有核心能力。在客户看来，这个核心的外层是团购、外卖、票务、民宿、旅行、打车等各种服务，但美团的核心能力是一个交易平台。所以说，美团其实做的是一件事：促成交易。因此，美团的"多元化"表面上好像是"吃喝玩乐全都有"，实际上这些领域都与生活服务紧密相关。在交易平台的运作下，成立数年的美团在主要业务领域都获得快速增长，这些业绩正是美团坚持多元化发展的底气。

课前预习题（Pre-reading Tasks）

1. 你在中国会点外卖吗？你用什么 App 点外卖？
2. 请查资料收集美团公司的相关信息，了解一下它的主要业务是什么，还包括其他哪些业务。

生词和词语表达（New Words and Expressions）

一、生词（new words）

课文中的生词

生词及词性	拼　音	汉语解释	英语翻译
团购 v.	tuán gòu	多人组成团体向商家购买商品，以获得优惠价格	group buying

续　表

生词及词性	拼　音	汉语解释	英语翻译
民宿 n.	mín sù	用民用住房修建的小型旅馆，主人参与接待，游客体验当地自然、文化与生产生活方式	guesthouse
延伸 v.	yán shēn	延长，伸展	extend
布局 v.	bù jú	对事物的整体结构进行规划、安排	layout; blueprint
雄心 n.	xióng xīn	远大的理想和抱负，宏伟的目标和愿望	great ambition
剩余 v.	shèng yú	从某个数量里减去一部分后余留下来	surplus
本质 n.	běn zhì	事物本身固有的根本属性，它对事物的性质、状况和发展起决定性作用；与"现象"相区别	essence
共享 v.	gòng xiǎng	共同享有，共同享用	enjoy together; share
核心 n.	hé xīn	中心，主要部分，起主要作用的	core
交叉 v.	jiāo chā	原指方向不同的线或条状物互相穿过；文中指不同事物有部分相同、重合	overlap; intersect
极致 n.	jí zhì	最高境界，最大限度	extreme
原点 n.	yuán diǎn	起始点或基准点	origin; base point
即时 adv.	jí shí	立刻	instantly
边界 n.	biān jiè	原指国家之间或地区之间的界线，文中指企业经营业务之间的界线	boundary
业绩 n.	yè jì	工作成绩，工作成就	performance; achievement
底气 n.	dǐ qì	劲头，信心，勇气	confidence

二、习语和专有名词（idioms and proper nouns）

1. 吃喝玩乐（idiom），chī hē wán lè

吃、喝、玩、乐是人们的日常生活内容。作为一个习语，"吃喝玩乐"原指一味追求物质享受,含贬义。本文中的"吃喝玩乐"指美团为人们日常生活提供全方位的服务。Comprehensive life services.

2. 港交所(proper noun),gǎng jiāo suǒ

香港交易及结算所有限公司。Hong Kong Exchanges and Clearing Limited.

3. 华为(proper noun),huá wéi

华为技术有限公司,成立于1987年,总部位于中国深圳。它是中国一家著名的科技企业,信息与通信技术(ICT)解决方案的供应商。Huawei.

4. 格力(proper noun),gé lì

格力电器股份有限公司,成立于1991年,总部在中国广东珠海。该公司是集研发、生产、销售、服务于一体,以空调为主要产品的电器企业。GREE.

5. 亚马逊(proper noun),yà mǎ xùn

亚马逊公司,成立于1995年,位于华盛顿州西雅图,是美国一家著名的电子商务公司和互联网企业。Amazon.

6. 谷歌(proper noun),gǔ gē

谷歌公司,成立于1998年,位于加州硅谷,是美国一家著名的科技企业,业务包括互联网搜索、云计算、广告技术等。Google.

7. 百度(proper noun),bǎi dù

百度是以信息和知识为核心的中国著名互联网公司,拥有全球最大的中文搜索引擎。Baidu.

语言点学习(Grammar or Vocabulary Learning)

1. 即时

原文:在国内企业中,百度、阿里巴巴、腾讯分别以搜索、网购、即时通信为原点,不断拓展边界,发展成为互联网巨头。

用法:"即时"是副词,意思为"立即、立刻",用在动词或动词性词组的前面。例如:

(1)遇到危急事情,要即时处理。

(2)这个问题比较复杂,未必能够即时解决好。

(3)美团外卖与顺丰合作,将共同打造即时配送的新格局。

2. 以……为原点

原文:在国内企业中,百度、阿里巴巴、腾讯分别以搜索、网购、即时通信为原点,不断拓展边界,发展成为互联网巨头。

用法:"以……为原点"为带介词结构的动词词组,通常用于表示某一事情或某个过程开始的地方,用作句子背景信息,放在句子陈述部分的前面。例如:

(1) 以信任为原点,以合作为基石,我们两家公司可以实现更大的目标。

(2) 近年来,南京图书馆以"阅读"为原点,探索打造多元文化空间。

(3) 以梦想为原点、奋斗为基石,我们可以实现自己的人生价值。

3. 在……看来

原文:在客户看来,这个核心的外层是团购、外卖、票务、民宿、旅行、打车等各种服务,但美团的核心能力是一个交易平台。

用法:"在……看来"是带介词结构的动词词组,介词结构中间可以填入表人的名词或名词性成分,表达他们或他们所在机构的观点。例如:

(1) 在消费者看来,产品质量和售后服务对他们最有影响,这也是产品是否受市场欢迎的一个重要因素。

(2) 在老师看来,学生居住在学校公寓里,学习和生活都较方便,可以节省很多时间。

(3) 在公司看来,所有员工都应该遵守劳动纪律,按时上下班。

4. 看似……,实际上却是……

原文:美团看似多元化,实际上却是专业化的延伸。

用法:"看似……,实际上却是……"引导表示转折和对比的复句。后一个动词结构中的副词"却"表示转折,也是整个复句的表述重点。例如:

(1) 困难看似是我们人生路上的绊脚石,实际上却是每个人成长的垫脚石。

(2) 他说的话看似头头是道,实际上却是强词夺理。

(3) 投篮进筐,那一刻看似简单,实际上却是漫长训练的结果。

5. 表面上……,实际上……

原文:美团的"多元化"表面上好像是"吃喝玩乐全都有",实际上这些领域都与生活服务紧密相关。

用法:"表面上……,实际上……"是两个介词结构引导表示对比的复句。后一个介词结构中有时带转折副词"却",它陈述的内容是整个复句的表述重点。两个介词结构可放在动词性词语或句子的前面,对后面的成分或整个分句起描述作用。例如:

(1) 表面上是时间不够,实际上却是没抓紧时间,或时间安排得不合理。

(2) 成语"外强中干"是形容表面上很强大,但实际上却很虚弱的事物。

(3) 公司表面上人手不够,实际上却是人员安排不合理,造成忙闲不均的状况。

四、综合练习（Comprehensive Exercises）

一、根据课文内容回答问题（answer questions according to the text）

1. 美团的经营业务范围包括哪些？为什么有人说美团像一条"八爪鱼"？
2. 在如今的商业时代，企业为什么要多元化发展？
3. 什么是范围经济？利用好共享活动有什么意义？
4. 企业的核心能力有哪些本质特征？美团的核心能力是什么？

二、课堂讨论题（questions for discussion）

1. 企业经营业务的多元化与专业化之间应该是什么关系？以美团为例，谈谈你的看法。
2. 以你熟悉的企业为例，说明多元化发展的必要性。
3. 查阅资料，了解亚马逊、谷歌、美团等著名企业从原点向多元化发展的历程，比较一下它们的共享活动、核心能力。
4. 为什么说美团像一条"八爪鱼"，但实际上它只是在做"促成交易"一件事？

三、词语搭配（collocation of words）

例：**本质**（本质-属性/问题）（揭示/抓住-**本质**）

　　边界（边界-模糊/清晰，边界-问题/纠纷）（划定/越过-**边界**）

1. 团购（　　）（　　）　　2. 民宿（　　）（　　）
3. 延伸（　　）（　　）　　4. 布局（　　）（　　）
5. 即时（　　）（　　）　　6. 雄心（　　）（　　）
7. 剩余（　　）（　　）　　8. 共享（　　）（　　）
9. 核心（　　）（　　）　　10. 业绩（　　）（　　）

四、模仿例句，用给定的词语或结构造句（make sentences with given words or structures after examples）

1. 例句：遇到问题要即时沟通，尽快处理。

   即时：_____。

2. 例句：以学识为原点、以实践为基石，我们可以不断增长知识，并将其贡献于社会。

   以……为原点：_____。

3. **例句**：在他看来，是公司先没有履行合同里的相关条款，才导致他后来辞职。

在……看来：_____。

4. **例句**：他的话看似在就事论事，实际上却是抓住一个案例以说明质量管理在家电生产企业中的重要性。

看似……，实际上却是……：_____。

5. **例句**：有些事，表面上是拖延时间，实际上是拖累自己。

表面上……，实际上……：_____。

6. **例句**：美团以核心业务为基础，布局了多产业帝国。

以……为基础：_____。

7. **例句**：美团把"交叉销售"这一共享活动发挥到了极致。

极致：_____。

8. **例句**：公司的主要业务领域都得到了快速增长，这正是美团坚持多元化发展的底气。

底气：_____。

五、口头表达（speaking practice）

介绍一下美团的商业模式。尽量使用以下词语：

原点　多元化　共享活动　核心竞争力　交易平台　登陆

六、写作（writing）

把第五题的口头表达练习整理成一篇300字左右的短文，以介绍美团的商业模式。

延伸阅读材料（Extended Reading）

美团的社会责任感

美团是一家科技零售公司，2010年3月由王兴在北京创办。公司的使命是"帮大家吃得更好，生活更好"。自成立以来，美团持续推动服务零售与商品零售在需求侧和供给侧的数字化升级，与广大合作伙伴一起努力，为消费者提供高品质服务。2018年9月20日，美团在港交所挂牌上市。

美团的核心业务与人们的日常生活密切相关，与普通百姓有天然联系。企业的社会价值与就业、帮困这些普通百姓的大事有关。

拉动千万就业，共建美好社会。据统计，2018年美团平台提供就业机会1 960万个。2020年"新冠"疫情对社会经济产生了一定的影响,美团启动"春归计划",推出六大举措助复工、稳就业。"春归计划"包括:以长期就业和灵活就业相结合方式,向全国提供超过20万个工作岗位;为贫困人员提供就地就近就业绿色通道;招聘超1000名应届大学毕业生;开放超3000个岗位;为商户和从业者提供就业信息服务;为千万从业者提供在线职业培训;等等。2020年8月,美团"春归计划"升级,新增50万个灵活就业岗位,并再提供超2000个校招岗位、超5000个社招岗位。

助力脱贫攻坚,共建共同富裕小康生活。2019年,399万名外卖骑手从美团获得收入,其中25.7万人曾为贫困户,98.4%已实现脱贫。2020年,美团启动"新起点计划",面向52个贫困县招募5万名骑手;之后,进一步升级为"新起点在县",再提供20万个骑手岗位,并通过推动就近就业、探索公益及旅游等扶贫方式,助力脱贫。

作为以互联网技术为特征的企业,美团也推动了企业数字化发展。它服务生活领域,致力于数字化人才培养。开设"春风大讲堂"直播,邀请专家、商户分享数字化经营实践经验。2020年10月15日,美团培训部门举行成立一周年活动。数据显示,在过去一年里,美团总计输出课程3839门,累计培训超过1698万人,覆盖商户388万家。

"新冠"疫情发生后,美团外卖发起"春风行动",推出每月5亿元流量红包、4亿元商户补贴;推出"商户伙伴佣金返还计划",对全国范围内优质餐饮外卖商户按3%～5%的比例返还外卖佣金;携手金融机构,累积为商户提供200亿元额度的优惠利率扶持贷款。湖北地区已有超1万家小微商户获得七折优惠贷款,全国已有超2万家商户获得帮扶。美团外卖还与数十万受帮扶商家组成"春风伙伴联盟",首批联盟商家平均营业额增幅超过80%。

注:以上延伸阅读材料主要根据百度百科词条"美团"(https://baike.baidu.com/item/美团/5443665?fr=ge_ala)改写而成。

阅读上述材料,完成下列题目(read the passage and do the following exercises):

1. 美团是一家什么样的公司?
2. 在拉动千万就业方面,美团做了哪些工作?
3. 美团在助力"脱贫攻坚"上做了哪些工作?
4. 在推动企业数字化发展方面,美团是怎样做的?
5. 说一说你所知道的美团的其他情况。

第十五课　盒马赴澳大利亚寻求商机

案例背景（Background）

　　盒马是一家以数智科技为特点的新零售公司。自2016年开店以来，它一直是零售行业的探索者和创新者。盒马的核心竞争力表现在创新速度上，包括业态创新和经营举措的快速变化。

　　课文主要根据阿里巴巴集团官网上文章《盒马于澳洲考察商品开发及合作商机》（https://www.alibabagroup.com/document-1606000993504329728）改写而成。

课文（Text）

　　盒马是阿里巴巴旗下的新零售公司，于2016年1月开出第一家门店，总部设立在上海。2017年7月14日，随着阿里巴巴董事会主席马云、CEO张勇等人到店走访，这个鲜为人知的阿里"亲儿子"被推到了聚光灯下，正式成为阿里家族的新成员。后来，它入选了"2019福布斯中国最具创新力企业榜"。

　　2023年，盒马加快拓展进口业务，并于5月中旬发布了全球供应链战略计划——将在全球设立八大采购中心，通过本地化的运作，寻找货源，链接全球商品。在上海，盒马与13家全球知名零售商建立了合作关系，加速引进海外商品。5月下旬，盒马领导层对澳大利亚（Australia）进行了为期一周的商务考察。考察期间，盒马商务团拜访了新的产品供应商，与当地包括伍尔沃斯（Woolworths）等在内的四十多个品牌的商家建立了联系，拓展了业务网络。通过拜访生意伙伴，盒马与澳大利亚相关品牌供应商建立了更为紧密的联系，探索深度合作的机会。

　　在这次考察活动中，团队与澳大利亚商贸界人士会面，还参加了由维多利亚州政府主办的商业配对活动，24家维多利亚州企业参加了此次活动。

在悉尼,盒马举办了一场小范围的圆桌午餐会。会上,盒马 CEO 侯毅就中国最新零售趋势、跨境贸易等话题分享了自己的看法。侯毅表示,这次行程收获颇为丰富。他们不仅与现有客户加强了联系,而且与知名的澳大利亚品牌商家探索了业务发展机会。为了用优惠价格将全球优质产品带给中国消费者,盒马正在加大对海外产品的采购力度。对于合作伙伴,盒马致力于将他们的优质商品引进中国。

盒马总经理黄玲在澳大利亚国际食品论坛上指出,澳大利亚的产品以质量高、安全有保障见称,深受中国消费者欢迎。她希望这次考察能进一步推动澳大利亚企业在中国市场的发展。

盒马的这次商务考察,深化了现有的合作关系,也拓展了澳大利亚商务合作伙伴的范围,将为采购澳大利亚产品开辟更广阔的途径。这也充分体现了盒马致力于通过其平台,为更多澳大利亚生产商和出口商开拓潜力巨大的中国消费市场。

2023 年 6 月,盒马已经与全球 33 家零售商结成经营合作伙伴。盒马领导层的国际考察行动,拓展了公司的全球供应链,将为消费者带来更多优质商品。

课前预习题(Pre-reading Tasks)

1. 你去过盒马超市购物吗?这个超市通常卖什么类别的商品?
2. 盒马的进口食品来自哪些国家?有哪些种类?

生词和词语表达(New Words and Expressions)

一、生词(new words)

课文中的生词

生词及词性	拼音	汉语解释	英语翻译
赴 v.	fù	〈书面语〉到(某处)去	go to; visit
举措 n.	jǔ cuò	举动,措施	measure; initiative
旗下 n.	qí xià	下属	subordinate; subsidiary
董事会 n.	dǒng shì huì	某些企业、学校等的领导机构。董事会成员即董事	board of directors
走访 v.	zǒu fǎng	前往访问,拜访	drop in; visit

续 表

生词及词性	拼 音	汉语解释	英语翻译
聚光灯 n.	jù guāng dēng	能将分散的光聚合起来发出强光的灯,常用于室内摄影及舞台照明	spotlight
家族 n.	jiā zú	以婚姻和血统关系为基础形成的社会组织,通常有若干家庭	clan; family
入选 v.	rù xuǎn	中选	be selected; be chosen
中旬 n.	zhōng xún	每月十一日到二十日的 10 天。10 天叫一旬,一个月分上、中、下三旬	the middle ten days of a month
采购 v.	cǎi gòu	选择购买(多指为机关或企业购买数量大或种类多的物品)	make purchases (for an organization or enterprise)
链接 v.	liàn jiē	比喻像链子一样相互连接	link; connect
考察 v.	kǎo chá	到现场观察、调查	make an on-the-spot investigation; inspect
拜访 v.	bài fǎng	〈敬词〉访问	pay a visit
伙伴 n.	huǒ bàn	泛指共同参加某种组织或从事某种活动的人,即同伴	partner
会面 v.	huì miàn	见面	meet with
配对 v.	pèi duì	将一个人或事物与另一个人或事物组合在一起,配成一对	pair; make a pair
跨境 v.	kuà jìng	指跨越国家或地区边界的活动,如贸易、投资、旅游等	cross-border; transboundary
颇 adv.	pō	很,相当地	quite; rather
海外 n.	hǎi wài	国外	abroad
力度 n.	lì dù	力量的强度	strength; force
开辟 v.	kāi pì	开拓、扩展	open up
致力 v.	zhì lì	把力量用在某个方面	commit oneself to; devote to
论坛 n.	lùn tán	公开发表议论的地方,指报刊、座谈会等	forum; tribune

续 表

生词及词性	拼　音	汉语解释	英语翻译
保障 v.	bǎo zhàng	保护（生命、财产、权利等），使不受侵犯和破坏	guarantee
见称 v.	jiàn chēng	受到称赞	known as
潜力 n.	qián lì	潜在（还没有发挥出来）的力量或能力	latent capacity; potential

二、短语、习语和专有名词（phrases, idioms and proper nouns）

1. 深受（phrase）, shēn shòu

深深地受到，很受。Deeply affected by.

2. 鲜为人知（idiom）, xiǎn wéi rén zhī

很少被人知道。Rarely known by people.

3. 盒马（proper noun）, hé mǎ

盒马是阿里巴巴旗下的新零售企业，是为消费者打造的社区化、一站式的新零售平台。Hema.

4. 福布斯（proper noun）, fú bù sī

美国著名的财经杂志。Forbes.

语言点学习（Grammar or Vocabulary Learning）

1. 颇

原文： 侯毅表示，这次行程收获颇为丰富。

用法： "颇"是副词，意思为"很，相当地"，通常用作"颇＋有＋名词""颇为＋双音节形容词"，也可以和单音节形容词配合使用。例如：

（1）这是一个全新的工程，要按计划完成颇有难度。

（2）这段时间饭店颇为冷清，几乎没有顾客。

（3）最近股票市场里科技股连续上涨，他从中收益颇丰。

2. 鲜为人知

原文： 随着阿里巴巴董事会主席马云、CEO张勇等人到店走访，这个鲜为人知的阿里"亲儿子"被推到了聚光灯下，正式成为阿里家族的新成员。

用法： "鲜为人知"意即很少被人知道。它放在名词或名词性词组前面，起限定

或说明作用;也可以放在名词或名词性词组后面,对前面的内容作陈述。例如:

(1) 老北京的大街小巷,有不少鲜为人知的趣闻。
(2) 那些鲜为人知的事迹慢慢会被时间长河淹没。
(3) 这是一段被长时间掩盖的历史,一些重要情节鲜为人知。

3. 致力于

原文: 对于合作伙伴,盒马致力于将他们的优质商品引入中国。

用法: "致力于"是由动词"致力"和介词"于"构成的动词词组,意思是把力量用在某个方面,付出全部的时间、精力和热情。例如:

(1) 这家公司致力于为广大消费者提供优质的睡眠产品。
(2) 该公司致力于电力成套设备和电子设备的研发、制造、销售和服务。
(3) 美团致力于为广大居民提供日常生活的全方位服务。

4. 以……见称

原文: 盒马总经理黄玲在澳大利亚国际食品论坛上指出,澳大利亚的产品以质量高、安全有保障见称,深受中国消费者欢迎。

用法: 动词"见称"前面加上"以""因"等构成介词词组,组成带介词结构的动词词组"以……见称",意思是因为什么而受到称赞。例如:

(1) 当地饭店多以乡土特色见称。
(2) 深圳是中国改革开放后出现的大都市,并不以历史悠久见称。
(3) 上海剪纸以纤细秀美、构图丰满的风格见称。

综合练习(Comprehensive Exercises)

一、根据课文内容回答问题(answer questions according to the text)

1. 盒马的核心竞争力是什么?它与阿里巴巴是什么关系?
2. 2023年盒马拓展了哪类业务?具体包括哪些举措?
3. 盒马领导层对澳大利亚的商务考察有哪些活动?
4. 盒马领导层为什么希望进一步推动澳大利亚企业在中国市场的发展?
5. 这次盒马领导层的澳大利亚商务考察有什么意义?

二、课堂讨论题(questions for discussion)

1. 盒马是一家什么样的企业?读完这篇课文,你对它产生了什么印象?
2. 与联华、全家等超市相比,盒马有什么特别之处?
3. 如果想买进口食品,你会去哪里?请推荐一个你认为值得去的地方。

4. 你对盒马领导层的国际考察行动如何评价？

三、词语搭配（collocation of words）

例：**入选**（入选-五百强/优秀学生，入选-成功/不顺利）（已经/即将-入选）

　　　配对（配对-成功/成问题）（已经/没有-配对）

　　　人（电影/制片/打工-人）

1. （　　　　）（　　　　）者（人或组织机构名词后缀）
2. （　　　　）（　　　　）界（某一行业领域名词后缀）
3. 赴（　　　　）（　　　　）　　4. 走访（　　　　）（　　　　）
5. 考察（　　　　）（　　　　）　　6. 伙伴（　　　　）（　　　　）
7. 会面（　　　　）（　　　　）　　8. 开辟（　　　　）（　　　　）
9. 跨境（　　　　）（　　　　）　　10. 潜力（　　　　）（　　　　）

四、模仿例句，用给定的词语或结构造句（make sentences with given words or structures after examples）

1. **例句**：这段时间电影院颇为冷清，几乎没有观众。
颇：_____。
2. **例句**：要不是媒体报道，这段鲜为人知的历史是难以走进大众视野的。
鲜为人知：_____。
3. **例句**：该公司致力于为广大居民提供高质量的新鲜水果/蔬菜。
致力于：_____。
4. **例句**：桂林素有"山水甲天下"的美誉，该城市以山水风景优美见称于世。
以……见称：_____。
5. **例句**：为了加速引进海外商品，盒马与13家全球知名零售商建立了合作关系。
建立……关系：_____。
6. **例句**：在澳大利亚商务考察期间，盒马代表团拜访了新的产品供应商。
拜访：_____。

五、口头表达（speaking practice）

假如你是盒马CEO侯毅，在员工大会上对澳大利亚考察活动进行总结。尽量使用以下词语：

　　走访　拜访　合作　建立　拓展　推动　开辟

六、写作（writing）

如果你负责接待来澳大利亚商务考察的盒马领导层，请根据课文内容制订一个详细的行程接待清单，包括接送机、入住酒店、每天的商务活动安排等内容，300字左右。

延伸阅读材料（Extended Reading）

大象转身，主动求变

阿里巴巴是一家企业文化特点鲜明、业务多而复杂的集团公司，管理这样一家大型商业组织注定不易，也注定需要随市场变化调整业务运营方式。

2023年3月，阿里巴巴董事局主席兼CEO张勇宣布集团"1+6+N"组织变革。"1"代表阿里巴巴依然是一家上市公司，法律主体、财务主体没有变化。"6"表示将阿里巴巴集团旗下的六大业务分拆成独立业务集团：阿里云智能、淘宝天猫商业、本地生活、国际数字商业、菜鸟、大文娱；"N"是阿里巴巴集团旗下其他多家业务公司，如盒马、阿里健康等。

分拆后，各大业务集团及多家业务公司将分别建立各自的董事会，各自实行CEO负责制。各业务集团董事会着手将组织变革推进落实，阿里巴巴集团则将全面实行控股公司管理。根据阿里巴巴此前"1+6+N"的治理安排，各个业务集团的CEO在各自董事会的领导下，对各自的经营结果和经营合规性负责。

阿里巴巴集团董事会将对特定重大事项保留审批的权力，包括业务集团经营及资金计划、CEO任命及绩效评估、重大资本交易、集团内部业务合作及数据共享机制、合规监管制度等。对此，阿里巴巴集团成立了合规和风险管理委员会，负责监督集团在财务报告以外领域的合规和风险管理。另外，阿里巴巴还在集团董事会下新设立资本管理委员会，主要职责是从加大集团股东回报的角度出发，负责对各个业务集团的各类重大资本事项进行管理。阿里巴巴称，这是为了适应集团作为控股公司的新角色定位。

"1+6+N"组织变革给了阿里巴巴各个业务板块拼搏的希望。有阿里巴巴员工认为，"1+6+N"中的"N"实则是一种留白，代表更多创造力、更多可能性。也就是说，未来将会有更多业务独立出来，阿里巴巴将变得越来越大。张勇将其形象地表述为，与其把多样性的业务放在一个锅里（一个上市载体里）端出去，不如让具备市场接受程度、满足市场接受条件的业务单独面对市场，以更好地促进业务潜在价值的释放。

一头大象选择快速转身,这是相当困难的事情,但阿里巴巴做到了。细数阿里巴巴的变革历史,每一次里程碑式的成就都与自我变革密不可分。从"履带战略"到"中台战略"再到"1+6+N",阿里巴巴一直在自我变革,以主动求变的态度迎战瞬息万变的市场。阿里巴巴深谙这样一个经营之道:永远不变的是变化。对企业组织来说,只有主动求变,与时代相呼应,才有可能穿越企业发展周期,保证基业长青不衰。

这轮变革从集团顶层入手,重新定义和构造阿里巴巴集团与各业务公司的治理关系,被认为是"阿里巴巴24年来最重要的一次组织变革"。回归商业本质,一项业务的实际价值有多大,是在市场竞争中确立的。未来阿里巴巴集团将向投资控股公司方向靠拢,阿里巴巴的"大中台、小前台"将走向"快中台,强前台"。

注: 以上延伸阅读材料主要根据《阿里分拆:大象转身,主动求变》(https://baijiahao.baidu.com/s?id=1766924741035670618&wfr=spider&for=pc)改写而成。

阅读上述材料,完成下列题目(read the passage and do the following exercises):

1. 查阅相关资料,说一说阿里巴巴是一家什么样的公司。
2. 简要介绍一下阿里巴巴集团"1+6+N"组织变革的内容。
3. 查阅相关资料,简要介绍阿里巴巴几次重要的改革。
4. 未来阿里巴巴集团的发展方向是什么?
5. 说一说你所知道的阿里巴巴的其他内容。

练习的参考答案
KEYS TO THE EXERCISES

　　《案例式商务中文教程》(通识本)的每课练习包括课前预习题、综合练习和延伸阅读材料习题,涉及商务、中文(汉语)等的知识与技能方面的操练。延伸阅读材料习题的参考答案内容较多,主要内容融入本教材的配套课件。我们选择"综合练习"中回答内容较确定的第一、三、四题,编写答案供学生参考。

　　"综合练习"中第一题侧重对课文内容及商务知识的理解,这方面的答案相对明确,不再作具体说明;第三、四题侧重对中文知识的学习和中文能力的训练,相关答题思路解释如下。

　　"综合练习"中的第三、四题分别侧重词组和句子(或句段)表达。其中,第三题的词语搭配(含少量语素构词)练习中相关词(或构词语素)的搭配不再限于在课文里的用法,而是拓展了该词(或该语素)在汉语里可能的用法。当然,与该词(或该语素)搭配的词语也有可能是学生不认识的。上述词语搭配中含少量语素构词,这些语素也可以称为类语缀或语缀。

　　需要解释的是,词组是词跟词的临时组配,是语言活动中的过渡单位。词组不像句子,后者是一个相对完整的语言交际单位。词组跟词也不一样,后者虽是最小的语言单位,但它有意义且能够自由运用,在词典里以独立的条目出现。词组是语言交际单位的片段,孤立地看这些片段,会觉得有些词组比较奇怪。不同性质的词组成为句子的可能性有差异。主谓词组、动宾词组等带上语调,像是句子,是相对完整的表述。状中式或定中式的偏正词组、介词结构词组等,在无其他语境条件下,即使带上语调,也像语言交际单位的片段,不是相对完整的表述。这种练习的做法是探索性的,相关思路供参考。

　　"词语搭配"练习中的每一个词语(词或构词语素)依序编号,列出汉语里一些可能的句法语义结构的例子。每个词(或构词语素)搭配练习答案中的标点符号用法为：分号主要区分某词在短语里句法位置的前后，也区分词组和词；逗号区分句法语义上不同的短语结构，或由相同语素构成的不同的词；顿号进一步区分短语结构中的不同语义表达。其他符号用法说明如下："-"表示相关词语与举例的前后连接关系，"/"用作相同句法语义结构相关举例的连接，相关词语的常用搭配放在圆括号里。

第 一 课

一、根据课文内容回答问题

1. 比亚迪是一家什么公司？

比亚迪公司是深圳的一家特大型企业。该公司最初制造充电电池，现已成为新能源车企领导者。公司业务范围涉及汽车、电子、新能源、轨道交通四大产业，是全球500强企业。

2. 比亚迪公司为什么能取得今天的显著成绩？

比亚迪创始人王传福领导员工，坚持技术创新的发展之路，通过不断创新，拥有新技术，实现跨界发展。

3. 比亚迪最初的产品是怎么生产出来的？效果怎么样？

王传福和他的团队把制造镍电池的自动化生产线分解成一个个可以用人工完成的工序，用人工加夹具的模式来完成。这种模式做出来的产品和日本企业生产的差不多，销售的数量做到了全球第一。

4. 比亚迪生产锂离子电池情况如何？

比亚迪采用更实用并且更低成本的"半自动、半人工"电池生产线和生产模式，以绝对的性价比优势，跃居行业第一。

5. 比亚迪新能源车的战略内容是什么？

2015年，比亚迪发布了新能源车"全产业链＋全市场"战略，成为业内少有的拥有动力电池、电机、电控等新能源汽车全产业链技术的车企，同时还形成了乘用车、客车等全市场产品系列。

三、词语搭配

1. **开拓**：**开拓**-市场，**开拓**-创新，**开拓**-精神；勇于-**开拓**
2. **领域**：**领域**-特色，**领域**-不同；制药/教育-**领域**
3. **执着**：**执着**-追求/探索；很/不-**执着**，中国人的/有（一）种-**执着**
4. **链**：产业/供应/生态-**链**；冷**链**，项**链**，锁**链**
5. **性**：颠覆/复杂/-**性**；韧**性**，惯**性**，人**性**
6. **跨界**：**跨界**-营销/合作/经营，**跨界**-演员；艰难地-**跨界**

7. **逆转：**逆转-局势，逆转-成功；形势/情势-逆转，没法-逆转

8. **赶超：**赶超-欧美/对手，赶超-成功；无法/全面-赶超

9. **坚实：**坚实（的）-基础/友谊/臂膀；步履-坚实

10. **践行：**践行-环保理念/科学发展观

四、模仿例句，用给定的词语或结构造句

1. **之：**你的每一步努力，都是通往成功之路的坚实脚印。

2. **之：**之前，张老师已经介绍过相关情况。

3. **之所以……是因为……：**人们之所以喜欢春天，是因为春天到处都充满生机！你看，湖畔花红柳绿，多让人心情愉悦呀！

4. **得益于：**比亚迪公司在竞争中立于不败之地，得益于公司把技术创新放在企业发展的核心地位。

5. **屡次：**这支球队在国际比赛中屡次赢得冠军，早已声名远扬。

6. **以……优势：**会上有专家提出，中国要以新的产业竞争优势来应对全球能源大转型。

7. **蓝海：**人工智能已成为全球产业变革的着力点，是一片蕴藏无限生机的产业新蓝海。

8. **入局……赛道：**据说，某知名食品生产企业又入局宠物市场赛道，参与宠物市场的激烈竞争。

9. **尝……甜头：**尝到了低价的甜头之后，厂商加快同类产品的促销步伐，增加出货量，提升市场占有率。

第 二 课

一、根据课文内容回答问题

1. "一点点"和"50岚"有什么关系？

"一点点"本来叫"50岚"，是台湾居民在1994年创立的奶茶品牌，后来进军大陆市场时发现，有人在大陆注册了"50岚"的商标，于是，这家台湾"50岚"在2011年在上海成立公司，用"一点点"商标开店经营奶茶。

2. 为什么"一点点"奶茶店门口总有那么多人在排队？

购买"一点点"奶茶时，服务员会耐心地询问顾客对奶茶的具体要求，帮助其完成奶茶"定制"。服务员与顾客互动，除了能让顾客觉得宾至如归外，也拉长了点单和制作过程，延长了顾客等待的时间，店门口能够在短时间内积聚人气，产生人气爆棚的效果。

3. "一点点"奶茶店为什么要免费给顾客加料?

"一点点"奶茶店免费提供珍珠、椰果、仙草、红豆等,但其他奶茶店不提供免费加料服务,这让顾客感觉完全不一样,从而形成了品牌的口碑。

4. 加盟"一点点"奶茶连锁店容易吗?为什么?

不容易。尽管"一点点"奶茶很火,公司却控制发展门店的数量。

"一点点"这样做,是想让自己的品牌显得更有价值。

三、词语搭配

1. 火:(生意)**火**了-起来/几年;买卖/游戏-很**火**
2. 运营:**运营**-成功,**运营**(得)-很好;门店-**运营**,继续-**运营**
3. 人气:**人气**-旺盛/火爆;积聚/聚拢-**人气**
4. 进军:**进军**-海外市场/房地产业;向科学技术/向欧洲市场-**进军**
5. 平淡:**平淡**(的)-日子/生活,**平淡**(得)-很;生意-**平淡**,非常-**平淡**
6. 定制:**定制**-服装,**定制**-成功;服装-**定制**,私人-**定制**(主谓或状中式偏正),成功-**定制**
7. 口碑:**口碑**-很好;形成-(良好的)**口碑**,消费者/市场-**口碑**
8. 移植:**移植**-树木,**移植**-技术,**移植**-成功;器官-**移植**,难以-**移植**
9. 遍布:(落叶)**遍布**-校园,(街道)**遍布**-落叶;足迹-**遍布**(大街小巷)
10. 连锁:**连锁**-经营/反应,**连锁**-超市/酒店/快餐店

四、模仿例句,用给定的词语或结构造句

1. 无论是……,还是……,都……:无论是住在校内学生公寓,还是在校外租房居住,上课都不应该迟到。
2. ……不……,反而……:他性格一向倔强,不但不接受批评,改正错误,反而变本加厉。
3. 尽管……,却……:尽管商场采取了各种措施,却无法转亏为盈。
4. 站住脚:主持节目对媒体人的素质要求很高,一个电视节目主持人要站住脚可不容易。
5. 如果……就……,再……就……:如果找到了有效的汉语声调学习方法,汉语发音困难就会缓解,再提高汉语口语表达水平就会相对容易一些。
6. 由于:由于要进军北美市场,因此2014年该公司在美国俄亥俄州建立了汽车玻璃生产工厂。
7. 一定程度之后:当你的知识积累到一定程度之后,做事情的能力会得到很大的提升。

第 三 课

一、根据课文内容回答问题

1. 百果园是一家什么样的企业？

百果园是中国最大的集果品生产、贸易、零售为一体的水果专营企业，也是全球水果专营连锁业态的开创者。

2. 余惠勇怎么想到要经营水果连锁店的？当时中国水果连锁店是什么状况？

余惠勇受相关行业连锁经营方式的启发，产生了经营水果连锁店的想法。

当时没有水果连锁店销售模式，也没有模仿和借鉴的对象，一切他都要从零做起。

3. 业主为什么不太愿意租房子给余惠勇开水果店？百果园开业那天生意怎样？

业主认为光店面租金一个月就要 18 000 元，卖水果这种低利润的生意难以维持这么高的开销。

百果园开业当天，火爆的场面让业主非常吃惊。余惠勇后来在采访中提到，仅开业那天的收益就远远超过了 18 000 元。

4. 课文中提到百果园成功的原因是什么？余惠勇为什么要介入水果种植？

百果园成功的原因在于建立了一套可复制的水果连锁经营标准，包括水果品质标准、开办门店标准等；同时，建立全产业链，介入经营的上游——水果种植。

水果的生鲜特性导致许多水果生产商难以保质、保量、按时给百果园供货，余惠勇介入水果种植是为了保证百果园供货稳定。

5. 简单介绍一下百果园的水果品质标准和开设门店标准。

百果园将其销售的水果分成三级十等。先按照水果内在品质，分成 A、B、C 三级；每一级又按照个头大小，分成大、中、小三等；在 A 大等级之上，还设有招牌级别。

百果园开设门店的标准：门店大小以 50 平方米为佳，选址以大型中高档社区为主，门店员工控制在 5～8 名等。

三、词语搭配

1. 收益：**收益**-高/不错；投资/公司/资产-**收益**

2. 出身：**出身**（于）-农民/工人；演员/科班/行伍-**出身**

3. 纵观：**纵观**-全球、**纵观**-历史/形势；新闻-**纵观**

4. 火爆：**火爆**（的）-场面、**火爆**（的）-游戏；场面-**火爆**

5. 模仿：**模仿**-动作，**模仿**-练习，**模仿**-困难；动物-**模仿**、技术上-**模仿**，很难-**模仿**

6. **招牌**：招牌-掉了/毁了，**招牌**-菜/小吃；毁了/钉上-**招牌**，特殊(的)-**招牌**

7. **级别**：级别-不高/不够；信用/食品-**级别**，提升/降低-**级别**

8. **效应**：效应-明显；规模/示范-**效应**、显著(的)-**效应**，有/无-**效应**

9. **零售**：零售-企业/价/商品/市场，**零售**-销售/买卖；不再/无法-**零售**，禁止/不准-**零售**

10. **借鉴**：借鉴-方法/技术，**借鉴**-较困难；(在)技术(上)-**借鉴**，无法-**借鉴**

四、模仿例句，用给定的词语或结构造句

1. **集……为一体**：美团的"神抢手"外卖促销活动，集直播、短视频等形式于一体，销售打折的优质产品。

2. **甚至(……)都**：参加晚会的人很多，甚至连平常不出门的老人都来了。

3. **除了……(之)外，还**：要想取得好成绩，除了刻苦、努力、坚持之外，还需要有科学的学习方法。

4. **跟……有密不可分的关系**：特斯拉能发展成为全球最大的电动汽车公司，跟企业决策者马斯克的经营策略有着密不可分的关系。

5. **看好**：当年，在网上开店卖药并不被企业经营者/管理者看好。

第 四 课

一、根据课文内容回答问题

1. 胡雪岩为什么被称为"亚商圣"？

胡雪岩经商能力很强，仅在"商圣"范蠡之下。

2. 胡雪岩为什么要给陌生人打伞？金华火腿行客商是如何感谢胡雪岩的？

胡雪岩觉得谁都有困难的时候，能帮点就帮点。他更懂得"你肯为别人付出，别人才愿为你付出"的道理。

金华火腿行客商想让胡雪岩去他的火腿行发展。

3. 胡雪岩通过什么办法成功地开拓了金华一带的客源？为什么说他那样做是一举多得、互惠互利的？

胡雪岩义建码头、购买渡船，让行人、牲畜等免费使用。

他那样做，一方面大大地方便了客商，赢得了乘客的心；另一方面为他经营的"胡庆余堂"带来了源源不断的金华客源，给商铺带来了很多利润。

4. 胡雪岩是如何求助于医者人才的？他又是如何对待别人献来的药方的？

胡雪岩通过在报刊上发布信息来求助于优秀的医者人才。

对别人献来的每副药方，他都认真检验，如为失传古方，则当场重金奖励。

5. 胡雪岩是如何应对别的药店的"价格战"的？结果怎么样？

胡雪岩在店内挂出金字招牌"真不二价"，意思是他的药品保证质量好，不压低价格。

结果吸引了更多顾客涌去"胡庆余堂"买药。

三、词语搭配

1. **职场**：**职场**-人士/礼仪；进入/离开-**职场**
2. **行**：粮**行**，茶**行**，药**行**，火腿**行**，银**行**
3. **经商**：**经商**-要诚信，**经商**(过)-几年；在海外-**经商**、文明-**经商**、下海-**经商**
4. **称道**：**称道**-不已；连声-**称道**，人人-**称道**，为后人-**称道**，为世界(所)-**称道**
5. **谨慎**：**谨慎**(的)-人，**谨慎**-行事；十分-**谨慎**，投资-要**谨慎**
6. **次**：质量-**次**，很-**次**，**次**品，**次**要
7. **客源**：**客源**-质量；稳定的/海外-**客源**，寻找-**客源**
8. **丝毫**：**丝毫**-不动/不差，**丝毫**(的)-怀疑/差错/畏惧；不差-**丝毫**
9. **义建**：**义建**-码头/仓库、**义建**-学校/医院
10. **保障**：**保障**-供给，**保障**-不了；有/无-**保障**，医疗-**保障**，难以-**保障**

四、模仿例句，用给定的词语或结构造句

1. **为……称道**：广西桂林山清水秀，城市风景优美，广为游客称道。
2. **为……打下(了)根基**：实施改革开放政策，为国家繁荣昌盛打下了根基。
3. **反而使得**：他本想给她解释一下以求理解，没想到反而使得她误解更深了。
4. **果然**：天气预报说今天有雨，果然有路人打起雨伞了。
5. **说不定**：我们快点爬吧，说不定山顶的风景更加迷人。
6. **关于……**：关于电脑知识，我只是略知皮毛，不敢夸口。
7. **结果发现**：胡雪岩让人去了解金华顾客少的原因，结果发现，那里的人来杭州陆地交通不便。

第 五 课

一、根据课文内容回答问题

1. 李大强为什么要去药店？

要过父亲节了，李大强打算给他父亲购买一些保健品。

2. 李大强在第一、二家药店买东西了吗？为什么？

李大强没在第一、二家药店买东西，因为销售员服务不到位，他们没能详细介绍保健品的成分、功能、适用人群等。

3. 李大强在第三家药店买到保健品了吗？他满意吗？

李大强在第三家药店买了一盒保健品，但他不太满意。

4. 李大强在第四家药店买了些什么？他满意吗？

李大强在第四家药店买了两盒保健品、两盒维生素 D，这次他满意了。

三、词语搭配

1. 品：商品，食品，产品，保健品，营养品

2. 逛：逛-商场/公园，逛(了/过)-许多次；闲/一起-逛

3. 供应：供应-药品，供应-超市/学校，供应-不足/不上；粮食-供应，优先-供应

4. 架：书架，货架，床架，晾衣架

5. 反响：反响-很好/强烈；热烈/强烈的-反响

6. 敷衍：敷衍-顾客/消费者，敷衍过-几次，敷衍了事；不能/不好-敷衍

7. 推荐：推荐-学生/教材，推荐-单位(如公司/学校)，推荐-成功；老师/学校-推荐，多次-推荐

8. 服用：服用-药物，服用-方法，服用(过/了)-一段时间；饭前/按时-服用

9. 功效：功效-显著/很好；保健品的-功效、神奇的-功效，有/立见-功效

10. 节：中秋节，端午节，元宵节，儿童节

四、模仿例句，用给定的词语或结构造句

1. ……刚……，就……：我刚说出建议，伙伴们就同意了。

2. 怎么着：前不久他参加了在华留学生 CCTV 汉语大赛，你猜怎么着？他竟然获得了金奖！

3. 究竟：他原来说话很直爽，这次却拐弯抹角的，究竟是怎么了？

4. 再说：现在去找数学老师已经来不及了，再说他也不一定有时间。

5. 顺着……逛了一圈：他顺着湖边小道逛了一圈，沿途湖光山色，美不胜收。

第 六 课

一、根据课文内容回答问题

1. 什么是老字号？当前老字号面临的主要问题有哪些？

老字号即老字号品牌，指的是那些有着悠久历史的商品品牌。老字号有着精益求精的品质和长期积累的口碑，是消费者心目中的代表性品牌。

如何拓展新的市场、吸引新的消费者，是当前老字号品牌面临的主要问题。

2. 娃哈哈是一家什么样的企业？2019 年底，娃哈哈推出的跨界营销主题是什么？

娃哈哈集团自 1987 年创立至今，是目前中国最大、世界第五的食品饮料生产企

业。其主要产品有八宝粥、饮用水、碳酸饮料、茶饮料等。

2019年底,娃哈哈跨界推出以营养快线"你足够出色"为主题的焕新包装,一起上线的还有娃哈哈惊喜跨界彩妆盘。

3. 跨界营销有什么效果?

大白兔、六神等老品牌都在跨界的路上获得一波新的关注。跨界经营看似在做一些无用且浪费钱的事情,但是消费者看得过瘾、玩得开心,愿意为品牌支付、点赞、转发。

4. 故宫版本银行卡有什么特点?故宫联名营销策略取得了怎样的效果?

故宫联合民生银行,推出涵盖十二美人图、龙袍等具有故宫特征的银行卡。卡面上的文字和人物的动作形象、生动。

故宫版本银行卡上线不久,便得到众多用户申办。用户收到银行卡后,纷纷晒照宣传。这一波联名营销,银行和故宫双赢。

5. 旺旺为什么要推出民族罐?可口可乐为什么要推出芬达味可乐?

儿童是一个民族的未来和希望,在六一国际儿童节前夕,旺仔牛奶推出了旺旺56个民族罐。

外包装采用可口可乐包装,里面灌装的却是芬达。实际上这是可口可乐特意采用的新奇营销策略,它有效地激发了消费者的好奇心,极大地促进了销售。

三、词语搭配

1. **迎合**:**迎合**-消费者、**迎合**-市场,**迎合**-不了;不肯-**迎合**
2. **老字号**:**老字号**-品牌/企业;百年/上海-**老字号**,传承/经营-**老字号**
3. **版本**:**版本**-更新,**版本**-问题;新/海外-**版本**,升级-**版本**
4. **悠久**:**悠久**(的)-历史/城市;历史/文明-**悠久**
5. **转型**:**转型**-有困难、**转型**-成功/失败(主谓或述补)、**转型**-升级;业务/数字化-**转型**
6. **拓展**:**拓展**-渠道/业务范围,**拓展**-不开;思路/空间-**拓展**,怎样-**拓展**
7. **套路**:**套路**(陷阱)-深;常用-**套路**(方法),职场-**套路**(规则)
8. **联名**:**联名**-营销/推出/上书,**联名**-信/信用卡;愿意/曾经-**联名**
9. **申办**:**申办**-护照,**申办**-成功(主谓或述补);亚运会-**申办**,无法-**申办**
10. **激发**:**激发**-斗志/干劲/兴趣;创造力/好奇心-(被)**激发**

四、模仿例句,用给定的词语或结构造句

1. **有的……,有的……,(还)有的……**:人们的口味各不相同,有的喜欢甜的,有的偏爱辣的,还有的爱吃咸的。
2. **面对……困扰**:面对汉字字音/字义/字形学习上的困扰,她先请教老师,再与同学交流,学习效果明显改善了。

3. **仿佛(这)是……,实际上(却)是……**:酒心巧克力,仿佛是一种怪味糖果,实际上却是巧克力商家的新奇营销策略。

4. **何乐而不为呢**:多赞美别人,不用花钱,又可使他人快乐,何乐而不为呢?

5. **无独有偶**:无独有偶,我们学校也有学生被骗,经过与你说的几乎一样。

6. **一提到……**:一提到四川美食,游客首先想到的是麻辣火锅。

第 七 课

一、根据课文内容回答问题

1. 为什么要建设"菜篮子工程"?

"菜篮子工程"是中国政府为了缓解城市居民副食品供应偏紧的矛盾而采取的一系列措施。

2. 超市里销售生鲜商品主要面临哪些困难?

如何在运输、销售过程中减少浪费。

3. 为了提高食品新鲜度和确保质量,华润万家对生鲜商品采取了哪些有效措施?

华润万家对生鲜商品使用全程冷链物流,统一配送;门店精准订货;对重点商品进行24小时库存跟踪;对商品进行质检和保质期排查,并及时出清和报损;晚市有折扣活动。

4. 华润万家生鲜商品晚市折扣活动的具体内容是什么?市民的评价如何?

华润万家超市会在晚上推出生鲜商品晚市折扣活动,生鲜散装叶类蔬菜、熟食类商品、加工的肉类和鱼类售价低至三折。时间越晚,打折力度越大。

不少市民认为,晚市折扣既能使消费者享受到折扣优惠,又能减少商家剩货浪费。

5. 广州友谊商店超市采取了哪些优惠活动?市民的评价如何?

广州友谊商店超市经常有买一送一、买大送小等促销活动。

有市民评价说,超市优惠销售,消费者不仅荷包省了,而且吃得新鲜。

三、词语搭配

1. **出清**:**出清**-库存/存货/商品;全部/已经/还没-**出清**
2. **短缺**:**短缺**(的)-状态;燃油/食品/蔬菜-**短缺**,很/非常-**短缺**
3. **库存**:**库存**-粮食/商品,**库存**-不足/充裕;产品-**库存**,减少-**库存**
4. **人均**:**人均**-收入/消费/GDP,**人均**-100元

5. 精准：精准-扶贫/推送/定位，**精准**(得)-很；非常/极其-**精准**

6. 全程：全程-监控/陪伴/参与，**全程**-冷链；跑完-**全程**

7. 配送：配送-食物，配送-服务，配送-商场，配送-成功；物资-**配送**，成功-**配送**

8. 跟踪：跟踪-货车，跟踪-失败；人员-**跟踪**，成功-**跟踪**

9. 周转：周转-资金，周转-几个月/不开，**周转**-很快(主谓或述补)；资金-**周转**，无法-**周转**

10. 变质：变质-(的)牛奶/食品；食物/肉制品-**变质**，已经-**变质**

四、模仿例句，用给定的词语或结构造句

1. ……，以缓解……：职场人士要多参加户外活动，多和朋友交流，以缓解工作压力。

2. 从根本上：从根本上说，我们还是要依靠科技创新来推动实体经济跨越式发展。

3. 难怪：这家商场的牛排/牛奶这么便宜，难怪有许多消费者前来购买。

4. 作为……：作为中国著名的旅游城市，杭州每年都迎来大量世界各地的游客。

5. 相当：这项工程劳动强度大、工作环境差，员工相当辛苦。

6. ……相当于……：这块草地的面积很大，相当于20个足球场那么大。

第 八 课

一、根据课文内容回答问题

1. 相关品牌为什么流行绿色营销？48小时冰雕鲸鱼环保展览的主要内容是什么？

因为当今人们的消费越来越追求健康、环保，国家也一直强调"双碳"政策。

冰雕鲸鱼环保展览的主要内容：在48小时直播中，一个长7.4米、重25吨的鲸鱼冰雕，在上万人的注视下，在烈日中不断融化，当其皮肤褪去的时候，露出的却是由人类丢弃的塑料垃圾填满腹部的场景。

2. 通过这次绿色营销，快手想达到什么目的？还有哪些组织或团体参加了这次活动？

快手想借此引起人们的悲伤、恐惧情绪来警诫人们关注海洋污染问题。

蓝丝带海洋保护协会、CM公益传播等公益组织，新华网参加了这次活动。

3. 快手的这次环保营销有什么特点？收到了什么效果？

不管是在形式上还是在内容延续方面，快手的这次环保营销都考虑了自身的产品特性：既吸引了快手上原有的大量赶海爱好者的目光，又凭借不俗的艺术表达提升了快手在更广层面的普通观众心中的品牌价值。

4. 美团单车发起的"一人骑行,减碳一吨"活动的具体内容是什么？其目的是什么？

对在规定期间内减碳达到1吨的用户,美团将以其名义,给山区捐赠用废旧轮胎制成的篮球场。美团单车把用户的低碳出行贡献量化呈现,设置目标达成后有奖的活动。

低碳骑行活动满足了用户的成就感,可有效激励大众持续参与行动。该活动也充分结合了平台资源,既传达了品牌的社会责任感,也实现了宣传产品(美团单车)和传播一种健康低碳生活方式的目的。

5. 快手和美团的绿色营销活动有什么共同之处？

快手和美团的绿色营销活动在传达品牌环保态度的同时,都结合了自身产品特性,体现了自己的行业特点。

三、词语搭配

1. **涌现**：**涌现**(出)-新形式；新人新事-**涌现**,不断地-**涌现**
2. **风口**：舆论-**风口**、直播带货的-**风口**；**风口**浪尖
3. **式**：躺平**式**,灾难**式**,启发**式**,融合**式**
4. **融化**：**融化**(的)-雪水,**融化**-完了；冰雪-**融化**,不断地-**融化**
5. **降临**：(暴风雪)**降临**-北方；幸福-**降临**、战争-**降临**,即将-**降临**
6. **丢弃**：**丢弃**-垃圾、**丢弃**-食物,**丢弃**-不了；废物-**丢弃**,故意/随意-**丢弃**
7. **感**：成就**感**,责任**感**,幸福**感**,快乐**感**
8. **转发**：**转发**-信件/通知,**转发**-成功(主谓或述补)；文件/消息-**转发**,无法-**转发**
9. **呼吁**：**呼吁**-节能/环保,**呼吁**(了)一一段时间；强烈-**呼吁**
10. **打卡**：**打卡**-成功/(过)数次；(在)门口/(到)景点-**打卡**,已经/还没-**打卡**

四、模仿例句,用给定的词语或结构造句

1. **对……(更加)关注**：环境污染危害健康,人们对这一问题比以前更加关注了。
2. **不管是……还是……,都……**：不管是苦还是累,他都没放弃这份工作。
3. **以……名义**：这位著名学者以自己的名义捐款,在当地新建了一所小学。
4. **以……为主题**：我最喜爱的是那些以星星/月亮/草原风景/海边风景为主题的照片。
5. **在……的同时,也……**：他在工作的同时,也兼顾学业,最终获得了经济学硕士学位。

第 九 课

一、根据课文内容回答问题

1. 人脸识别技术有什么利弊?"人脸识别第一案"的终审判决结果是什么?

人脸识别技术可为人们的生活提供方便。但是,如果人脸识别技术被滥用,就会侵害自然人的合法权益。

"人脸识别第一案"的终审判决结果:被告某野生动物世界被判删除原告郭先生提交的包括照片在内的面部特征信息和指纹识别信息,并于判决生效之日起10日内履行完毕。

2. 郭先生为什么不同意接受人脸识别并要求退卡?

郭先生认为人脸信息属于高度敏感的个人隐私,不同意接受人脸识别,所以要求园方退卡。

3. 该案庭审的焦点是什么?二审法院的观点是什么?

案件庭审的焦点在于如何评判该野生动物世界收集使用人脸信息行为是否合适和合法。

二审法院的观点:生物识别信息作为敏感的个人信息,深度体现自然人的生理和行为特征,具备较强的人格属性,一旦被泄露或者非法使用,就可能导致个人受到歧视或者人身、财产安全受到不测危害,因此应谨慎处理和严格保护。

4. 去某野生动物世界看动物必须"刷脸"吗?

去某野生动物世界看动物没有必要"刷脸"。一方面,购票时双方约定的是指纹识别,提出"人脸识别"是该野生动物世界的单方面措施;另一方面,"人脸识别"不是看动物的必要前提。

5. 中国法律保护个人信息的要求有哪些?该案判决结果有什么示范意义?

《中华人民共和国民法典》第一百一十一条规定,任何组织和个人需要获取他人个人信息的,应当依法取得并确保信息安全,不得非法收集、使用、加工、传输他人个人信息,不得非法买卖、提供或者公开他人个人信息。《中华人民共和国刑法》也规定,不经同意而非法获取,或者将合法取得的个人信息出售或提供给第三方,此类行为均涉嫌构成侵犯公民个人信息罪。

该案判决结果告诉人们:可以勇敢地向人脸识别说"不",小区门禁也不得强制用生物信息识别。这是对所有公民个人信息保护的积极提醒。

三、词语搭配

1. **解锁**:**解锁**-密码,**解锁**-成功;手机-**解锁**,现场/已经-**解锁**

2. **刷**：**刷**-脸/卡/证件，**刷**-好了/成功了；已经-**刷**(过/了)

3. **滥用**：**滥用**-法律条文/密码技术；药品/后悔权-**滥用**，没有-**滥用**

4. **删除**：**删除**-信息/文件，**删除**-不了/成功；图片/文章-**删除**，彻底/无法-**删除**

5. **采集**：**采集**-指纹，**采集**-成功(主谓或述补)；数据/图像-**采集**，无法-**采集**

6. **备受**：**备受**-关照/关注/欢迎，**备受**-煎熬/指责

7. **识别**：**识别**-文字/语音，**识别**-成功(主谓或述补)；指纹/人脸-**识别**，已经-**识别**

8. **评判**：**评判**-价值/标准；得失-**评判**，难以/无法-**评判**

9. **非法**：**非法**-行医/经营/采集数据；买卖/行医-**非法**

10. **涉嫌**：**涉嫌**-犯罪/酒驾、**涉嫌**-受贿/行贿

四、模仿例句，用给定的词语或结构造句

1. **不得**：人的面部特征属于个人高度私密信息，任何组织和个人都不得非法收集和保存。

2. **因……而……**：生命因亲情而美丽，人生因各种经历而变得丰富多彩。

3. **只不过**：我不认为京剧不景气，只不过它现在不是流行文化了。

4. **值得一提的是**：值得一提的是，学校每年举办国际文化节，各国留学生都会把自己国家最有特色的美味佳肴拿出来给师生品尝。

5. **被告(……)被判……，并……履行完毕**：被告(物业管理公司)被判删除原告王先生提交的包括照片在内的个人敏感身份信息，并于判决生效之日起3日内履行完毕。

6. **焦点在于(,)对……如何评判的问题**：该案争论的焦点在于对健身馆采集并使用个人高度敏感信息的行为应该如何评判的问题。

第 十 课

一、根据课文内容回答问题

1. 特斯拉是一家什么样的公司？

特斯拉是世界领先的电动汽车制造商，也是第一家成功打破汽车行业传统商业模式的公司。

2. 为什么说特斯拉是第一家成功打破汽车行业传统商业模式的公司？

首先，特斯拉直接向消费者销售汽车，这种直接销售模式使得特斯拉能够更好地控制其产品的品质和售后服务。其次，特斯拉将许多先进技术应用于汽车制造。再次，特斯拉在全球范围内建立了充电站网络。最后，特斯拉致力于降低电动汽车的生

产成本,使得更多消费者可以购买到这种电动汽车。

3. 与国外新能源汽车相比,中国新能源汽车的发展情况怎样?

处于发展期的中国新能源汽车仍在关键零部件和核心技术上与美国、日本等国家有些差距。

4. 国产电动汽车已有一定规模,为什么还允许特斯拉在中国建厂?

中国新能源自主品牌在发展壮大过程中需要借鉴、吸收特斯拉等国外企业的先进技术和经营管理经验。特斯拉在中国建厂发展,有利于带动中国新能源汽车产业链的发展,顺应了大力发展清洁能源的国家战略,助力"碳达峰""碳中和"目标的早日实现。

5. 特斯拉在中国建厂对它有什么好处?

特斯拉也需要中国这个市场。中国是世界第二大经济体,既拥有相当规模的消费群体,也拥有丰富的人力资源。特斯拉在中国建厂,可从中国这个市场获益。

三、词语搭配

1. 促成：促成-交易/双方合作/在上海设厂/这笔生意;顺利-促成
2. 开工：开工-时间,开工-建设;项目/工厂-开工,正式/集中-开工
3. 交付：交付-客户,交付-顺利(主谓或述补);对方/厂方-交付,已经-交付
4. 顺应：顺应-市场变化/时代潮流/民意,顺应-不了
5. 壮大：壮大-队伍/力量/民营经济;发展/成长-壮大,加快/已经/开始-壮大
6. 早日：早日-安居/回归/康复/恢复/停火/打通(隧道)
7. 零部件：零部件-订购,零部件-库存;汽车/飞机-零部件
8. 饱和：饱和(式)-救援,饱和(的)-盐酸溶液;市场/产能-饱和,趋于/已经-饱和
9. 潜在：潜在-威胁/危险、潜在-收益/价值、潜在-市场/客户
10. 减缓：减缓-投资/压力;速度-减缓,明显/难以-减缓

四、模仿例句,用给定的词语或结构造句

1. 不禁：看到科比/詹姆斯又进了一个球,观众不禁热烈鼓掌。
2. 说到底：说到底,发展经济的目的是让人民群众过上好日子。
3. 乃至：孔子是中国乃至世界的"折中主义"思想大家。//这棵迎客松已经成为黄山奇松乃至整个黄山的象征了。
4. 不言而喻：不言而喻,技术创新在现代企业发展中有重要作用。
5. 截至：截至上月底,本学期已有近1 000名留学生在我校注册学习。
6. 当然,……,既……,又……：当然,西门子/英特尔也需要中国市场,因为中国是拥有超过14亿人口的世界第二大经济体,既有数量众多的消费者,又有丰富的人力资源。

第 十 一 课

一、根据课文内容回答问题

1. 为什么义乌会成为非洲进口小商品的主要来源地？

2015年，浙江省义乌市出口非洲地区的小商品货值达到492.1亿元，贸易额同比增长50.9%，出口非洲的小商品的增速远大于义乌市出口其他地区的平均增速，非洲已经成为中国小商品外贸的重要市场。义乌已经成为非洲外商贸易活动最频繁的地区之一。据统计，目前在义乌有来自非洲五十多个国家和地区的三千多名常驻外商，每年还有八万多非洲客商入境义乌。

2. 义乌出口到非洲的商品主要有哪些？涉及哪些国家？

义乌出口到非洲的商品主要有服装、鞋帽、玩具、机电等，出口地区包括埃及、阿尔及利亚、肯尼亚等五十多个非洲国家。

3. 义乌非洲进口馆（产品展销中心）和以往类似的产品展销中心有什么不同？

一是该馆（产品展销中心）进口非洲产品多。货架上展示着各种各样的非洲特产，有茶叶、钻石、木雕、牛角挂饰等，成了众多非洲客商展销非洲特色产品的中心。截至2017年1月，进口馆共经营着来自非洲29个国家和地区的超过5 000种商品。二是进口馆把非洲的商品和文化带到义乌，再通过义乌成熟的市场网络卖到中国各地。

三、词语搭配

1. **点**：增长**点**，聚集**点**，兴趣**点**，兴奋**点**

2. **额**：贸易**额**，销售**额**，零售**额**，成交**额**

3. **批发**：**批发**-水果，**批发**-公司，**批发**（了）-几箱；蔬菜-**批发**

4. **梦**：白日**梦**、淘金**梦**、团圆**梦**、购房**梦**

5. **增添**：**增添**-光彩/荣誉/机会/动力，**增添**-不多（主谓或述补）

6. **特产**：**特产**-商店，**特产**-很丰富；非洲/北京/地方-**特产**

7. **淘金**：**淘金**-热/的队伍；加州/股市-**淘金**、在股市-**淘金**，境外/非法-**淘金**

8. **繁华**：**繁华**（的）-城市/街道；再现-**繁华**，很/非常-**繁华**

9. **入境**：**入境**-新加坡，**入境**-政策/人员，**入境**-限制/管制（主谓或定中式偏正）；禁止-**入境**，非法-**入境**

10. **展销**：**展销**-商品/土特产，**展销**-中心，**展销**-成功（主谓或述补），**展销**-几天；在商场/在街道-**展销**

四、模仿例句，用给定的词语或结构造句

1. **接连**：华为注重产品的研发和创新，接连推出了多款热销的智能手机。

2. **轮番**：中秋之夜，各式各样的精彩活动在各地轮番亮相，到处洋溢着浓浓的节日氛围。

3. **通过……牵线搭桥，……**：通过政府牵线搭桥，林场里的水果顺利地找到了销售市场。

4. **以前，……；现在，……**：以前，我们通常去实体商店购物，需要花费不少时间和精力；现在，我们可以在网上购物，既方便快捷，又经济实惠。

5. **在……背景下**：在经济全球化的背景下，产业结构升级优化是一些国家发展的必经之路。

6. **……与……差不多**：一般来说，酸奶脂肪含量与鲜牛奶差不多，每100克中脂肪含量约有3.2克。

7. **涉及**：这项工作比较复杂，涉及政府的多个部门，需要这些部门协同处理。// 该公司发布澄清公告称，向美国法院提出的申请不涉及破产。

第 十 二 课

一、根据课文内容回答问题

1. 中欧班列运营对沿线相关国家和地区的经济发展有什么意义？

中欧班列于2011年开行，它连接了活跃的东亚经济圈和发达的欧洲商贸圈，为货物生产商和贸易商提供了新的选择，有力促进了中国对外开放和与共建"一带一路"国家的经贸往来。

2. 2020年全球主要经济体的经济发展情况怎么样？

2020年，全球经济受"新冠"疫情影响，中国成为全球主要经济体中唯一实现经济正增长的国家，是推动全球经济复苏的主要力量。

3. 中国铁路管理部门是如何提高中欧班列服务质量的？

根据近年来中欧班列的发展趋势，中国铁路管理部门着力在硬件和软件上下功夫，提高服务质量。一方面，对口岸进行改造，提升了口岸换装、接发车能力。另一方面，加强与海关、边检等单位的协调配合，减少中间环节，加快了通关速度。

4. 中欧班列从中国运到欧洲的主要货物品种有哪些？从欧洲运往中国的主要货物品种有哪些？

中欧班列把中国的茶叶、服装、电子产品、塑料制品、汽车及配件、服装皮毛制品、日用电器、玻璃制品、毛巾等日常生活用品运到欧洲。

欧洲国家的企业通过中欧班列，向中国出口西班牙红酒、波兰牛奶、德国汽车等物品。

三、词语搭配

1. **沿线**：**沿线**-城市/工厂；铁路/公路-**沿线**

2. **化**：常态**化**，规模**化**，制度**化**，法治**化**

3. **圈**：商**圈**，经济**圈**，文化**圈**，朋友**圈**

4. **逆势**：**逆势**-生长/成长（年龄等），**逆势**-而上

5. **着力**：**着力**-培养、**着力**-解决、**着力**-打造/构建

6. **边检**：**边检**-人员/货物、**边检**-窗口/通道、**边检**-事务/部门；广州/上海-**边检**

7. **制品**：塑料/皮毛/五金/橡胶-**制品**，乳/豆-**制品**

8. **配件**：**配件**-齐全/很丰富；汽车/电脑-**配件**，更换/购买-**配件**

9. **造福**：**造福**-四方/一方、**造福**-人民/后代/子孙；（为）民/后代/子孙-**造福**

10. **遭受**：**遭受**-损失/失败、**遭受**-虐待/网暴、**遭受**-冰雹/暴风雪

四、模仿例句，用给定的词语或结构造句

1. **受到……青睐**：近年来，主打环保理念的电动汽车备受消费者青睐。

2. **逐年**：近年来，出境游的家庭和团队逐年增多，旅游内容也从单一景点观光转变为体验当地风俗文化。

3. **根据……的报道**：根据《华尔街日报》的报道，目前该公司市值已超万亿美元。

4. **在……之际**：在第二十四届冬季奥林匹克运动会开幕之际，来自世界各地的运动员陆续走进冬奥会开幕式场馆。

5. **在……影响下**：在冷空气和降雨的影响下，本市气温逐步下滑。

6. **在……的同时**：在努力学习的同时，同学们也要根据自身的健康状况，劳逸结合。

第 十 三 课

一、根据课文内容回答问题

1. 企业为什么要在微信营销上下功夫？

因为微信上有巨量的用户，他们是潜在的客户源，也是潜在的信息传播者。

2. 洋河在微信营销上有哪些创新措施？在微信朋友圈推出广告后，观看者的反应怎样？

洋河先是入驻微信，开创了中国酒业第一家掌上购酒平台；又向新媒体迈出重要一步，创建了行业最大的粉丝社群。它是在微信朋友圈做广告的第一家酒类企业。

在微信朋友圈推出广告很受观看者欢迎，在朋友圈里掀起了刷屏的热潮。

3. 网络传播界人士认为在微信朋友圈投放广告有什么意义?

这一方面宣传了企业的产品,另一方面展示了企业的形象和实力。此外,因为微信朋友圈有极高的关注度,所以很容易形成社会性热点,并引发第二、三次传播。

4. 洋河微信服务号能给消费者带来哪些便利?

通过这个平台,消费者能够便捷地购买洋河酒。消费者下单后,洋河微信服务商将订单直接交给距离消费者最近的"洋河1号"快递小哥,30分钟内完成送货服务。

5. 洋河为什么重视消费者互动平台的建设?互动营销模式取得了哪些效果?

洋河重视消费者互动平台的建设是因为粉丝的力量是无穷的,能为品牌带来巨大的收益。

互动营销模式为粉丝带来了"有趣、有利"的价值,增强了粉丝黏性。拉近了消费者与洋河的距离,既增加了商品的销售数量,又提升了企业的服务水平。

三、词语搭配

1. **流量**:**流量**-增加/不足;网络/短视频-**流量**,减少/补充-**流量**

2. **粉丝**:**粉丝**-群/经济;千万/她的-**粉丝**,明星/姚明/梅西(的)-**粉丝**

3. **拳脚**:**拳脚**-功夫,**拳脚**-不错;施加/难展/大展-**拳脚**

4. **刷屏**:**刷屏**(的)-节奏/效果;朋友圈/短视频/新闻-**刷屏**,恶意/疯狂-**刷屏**

5. **登陆**:**登陆**-上交所/科创板、**登陆**-福州/粤闽沿海;台风-**登陆**,同时/已经-**登陆**

6. **投放**:**投放**-广告/资金/信贷,**投放**-市场;广告/资金-**投放**

7. **扫描**:**扫描**-二维码/人脸,**扫描**-成功/结束(主谓或述补);证件-**扫描**,已经-**扫描**

8. **亮相**:(产品)**亮相**-展销会;主播-**亮相**,首次/集体/纷纷-**亮相**、在舞台-**亮相**

9. **互动**:**互动**-平台;与粉丝/与学生-**互动**、同台-**互动**,交流-**互动**,师生-**互动**

10. **黏性**:**黏性**-增强/大;有/无-**黏性**,(提高)粉丝/客户-**黏性**

四、模仿例句,用给定的词语或结构造句

1. **继……之后**:目前,中国成为继美国之后的世界第二大经济体。

2. **有史以来**:在风投人士和社交媒体的推波助澜下,不到一天时间,储户就从该银行提走了420亿美元,创造了有史以来规模最大、速度最快的银行挤兑事件。

3. **名列前茅**:这个项目在全国创新创业大赛中名列前茅,获得了很多观众的关注。

4. **第一个吃螃蟹的(人)**:在创业路上,我们要有勇气推陈出新,敢于做第一个吃螃蟹的人。

5. **一方面……,另一方面……**:在公司运营上,一方面,必须努力增加产量;另一方面,要厉行节约。

6. **依托**:上海市虹口区依托北外滩资源,推进邮轮经济高质量发展。

第 十 四 课

一、根据课文内容回答问题

1. **美团的经营业务范围包括哪些?为什么有人说美团像一条"八爪鱼"?**

美团的业务范围包括团购、外卖、酒店、旅游、民宿、电影和生鲜等超过200个生活服务品类。

美团以核心业务为基础,有布局全产业帝国的雄心;采取多元化的发展策略,拓展新的业务增长点。所以说,美团像一条"八爪鱼"。

2. **在如今的商业时代,企业为什么要多元化发展?**

很多时候,企业存在剩余资源。但是,这些资源已融入企业内部组织,不易出售或出租。通过多元化发展,拓展经营范围,开发并利用这些资源,可以成为企业获利的重要途径。

3. **什么是范围经济?利用好共享活动有什么意义?**

范围经济,指的是企业经营范围扩大带来的经济效益,本质在于企业对多个业务可共享的剩余资源的利用,这能给企业带来成本的减少或收益的增加。

利用好共享活动,可以为企业降低成本或提高收入。

4. **企业的核心能力有哪些本质特征?美团的核心能力是什么?**

企业核心能力(竞争力)的本质特征:一是难以被竞争对手模仿,二是能为客户创造价值,三是可以发展其他业务。核心能力是多元化的基础,它能使企业不断发展壮大。

美团的核心能力是一个功能强大的交易平台。

三、词语搭配

1. **团购**:团购-水果,团购-成功(主谓或述补);文具-团购,开始-**团购**,成功(的)-**团购**

2. **民宿**:民宿-文化,民宿-经营;开办-**民宿**,经济型-**民宿**

3. **延伸**:延伸-范围,延伸-下去;业务-**延伸**,难以-**延伸**

4. **布局**:布局-商业网点,布局-成功(主谓或述补);网点-**布局**(主谓或定中式偏正),积极-**布局**

5. **即时**:即时-联系/解决/处理;处理-**即时**

6. **雄心**:雄心-受挫;雄心勃勃,雄心壮志;企业-**雄心**,挫伤-**雄心**

7. 剩余：剩余-价值/资金,剩余-不多;资金/劳动力-剩余

8. 共享：共享-经济,共享-成功(主谓或述补);车位/充电宝-**共享**,无法-**共享**

9. 核心：核心-信息/竞争力;球队-**核心**

10. 业绩：业绩-喜人/考核;年度/季度-**业绩**、贸易/经营-**业绩**

四、模仿例句,用给定的词语或结构造句

1. 即时：这项任务很紧迫,遇到问题要即时沟通、解决。

2. 以……为原点：两家公司以信任为原点、合作为基石,各自实现了更大的目标。

3. 在……看来：在学生看来,校外租房居住相对自由,但是从居住地到学校可能有些距离,上课不太方便。

4. 看似……,实际上却是……：（足球）点射入门,那一刻看似简单,实际上却是临场应变能力经过漫长训练的结果。

5. 表面上……,实际上……：成语"外强中干"的意思是表面上好像很强大,实际上却很虚弱。

6. 以……为基础：企业文化通常有两种类型：一是以服从为基础的文化,二是以价值观为基础的文化。

7. 极致：他把自己的一生发挥到了极致,取得了多项重要成就。

8. 底气：资金雄厚,政策上又有支持,这些是做好这件事的底气。

第 十 五 课

一、根据课文内容回答问题

1. 盒马的核心竞争力是什么？它与阿里巴巴是什么关系？

盒马的核心竞争力是创新的速度,包括业态创新和经营举措的快速变化。

盒马是阿里巴巴集团旗下的新零售公司,2017年正式成为阿里家族的新成员。

2. 2023年盒马拓展了哪类业务？具体包括哪些举措？

2023年盒马拓展了进口业务。2023年5月中旬,盒马发布了全球供应链战略计划,将在全球设立八大采购中心,通过本地化的运作,寻找货源,链接全球商品。在上海,盒马与13家全球知名零售商建立了合作关系,加速引进海外商品。5月下旬,盒马领导层对澳大利亚进行了为期一周的商务考察。

3. 盒马领导层对澳大利亚的商务考察有哪些活动？

考察期间,盒马商务团拜访了新的产品供应商,与当地包括伍尔沃斯等在内四十多个品牌的商家建立了联系,拓展了业务网络;通过拜访生意伙伴,与澳大利亚相关

品牌供应商建立了更为紧密的联系,探索深度合作的机会。相关活动包括:与澳大利亚商贸界人士会面;参加了由维多利亚州政府主办的商业配对活动,24家维多利亚州企业参加了此次活动;举办了一场小范围的圆桌午餐会;参加了澳大利亚国际食品论坛。

4. 盒马领导层为什么希望进一步推动澳大利亚企业在中国市场的发展?

澳大利亚的产品以质量高、安全有保障见称,深受中国消费者欢迎。澳大利亚企业的产品在中国市场销售有助于相关企业与盒马深度合作,最终推动盒马发展壮大。

5. 这次盒马领导层的澳大利亚商务考察有什么意义?

澳大利亚商务考察是积极拓展全球供应链、提升盒马所售产品品质和种类的重要举措。盒马将持续加强与国际供应商和品牌的合作,为消费者带来更多优质商品。

三、词语搭配

1. **者**:探索**者**,创新**者**,开拓**者**,记**者**

2. **界**:零售**界**,教育**界**,经济**界**,管理**界**

3. **赴**:**赴**-欧洲考察/北美考察、**赴**-日/美/韩(旅游)

4. **走访**:**走访**-客户/企业、**走访**-调研;实地-**走访**(主谓或状中式偏正),大规模-**走访**

5. **考察**:**考察**-访问,**考察**-企业,**考察**-报告,**考察**-几天,**考察**-结束(主谓或述补);商务/湿地-**考察**

6. **伙伴**:**伙伴**-关系;贸易/学习-**伙伴**、亲密/战略-**伙伴**

7. **会面**:**会面**-安排/细节,**会面**(过)-几次;跟朋友-**会面**,再次-**会面**

8. **开辟**:**开辟**-市场/新业务、**开辟**-(新/绿色/快速)通道;难以-**开辟**(新领域)

9. **跨境**:**跨境**-贸易/旅游/支付(状中或定中的偏正),**跨境**-电商

10. **潜力**:**潜力**-较大/不大;挖掘-**潜力**,产能/发展-**潜力**

四、模仿例句,用给定的词语或结构造句

1. **颇**:最近股票市场中地产股连续下跌,他损失颇多。

2. **鲜为人知**:老成都的街巷也有一些鲜为人知的趣闻。

3. **致力于**:该公司致力于为广大消费者生产高质量的新鲜乳制品。

4. **以……见称**:安徽黄山是中国著名风景区,素以奇松、怪石见称于世。

5. **建立……关系**:为了打开手机市场,苹果公司与当地的电信运营商建立了密切的合作关系。

6. **拜访**:周日他去拜访了一位外地老师。